Susanna Tamaro

Ein denkendes Herz

Susanna Tamaro

Ein denkendes Herz

Übersetzung aus dem Italienischen
von Barbara Kleiner

PIPER

Mehr über unsere Autoren und Bücher:
www.piper.de/literatur

Die italienische Originalausgabe erschien 2015
unter dem Titel »Un cuore pensante« bei Bompiani, Mailand.

Von Susanna Tamaro liegen im Piper Verlag vor:
Mein Herz ruft deinen Namen
Ein jeder Engel ist schrecklich
Ein denkendes Herz

FSC www.fsc.org MIX Papier aus verantwortungsvollen Quellen FSC® C014496

ISBN 978-3-492-05761-5
Deutsche Erstausgabe

Satz: Fotosatz Amann, Memmingen
Gesetzt aus der Legacy Serif ITC Pro
Druck und Bindung: GGP Media GmbH, Pößneck
Printed in the EU

Lass mich dann das denkende Herz
dieser Baracke sein.

Etty Hillesum

Wenn du Gott suchst, ist Gott der Blick
deiner Augen.

Jalal al-Din Rumi

I

FLUGVERSUCHE

Ein Mädchen!

Ich habe ziemlich früh gelernt zu schweigen.

Da ich, sobald ich den Mund aufmachte, Verwirrung stiftete, war es besser, still zu sein oder mich zu bemühen, Dinge zu sagen, die alle von mir hören wollten. Ich versuchte, mich anzupassen, ahmte die Bestrebungen der anderen nach, versuchte, den Tiger in mir in ein Plüschtier zu verwandeln. Aber ich war linkisch, ungeschickt, und meine Heuchelei aufzudecken wäre ein Leichtes gewesen.

Das Anderssein war für mich kein Vorzug, sondern eine Last, von der ich mich sehr gern befreit hätte.

Die wenigen Male, die es mir gelang, die Menschen um mich herum von meiner Normalität zu überzeugen, war ich glücklich. Gern wiegte ich mich ein paar Sekunden lang in der Illusion: mich freuen über das, worüber alle sich freuten, über etwas weinen, worüber zu weinen normal war. Den Rollenerwartungen entsprechen, den Erwachsenen erlauben, erwachsen zu sein, während ich ein Kind war. Genauer: ein Mädchen.

Ein Mädchen!

Hätte etwas weiter von der Wirklichkeit meines tieferen Seins entfernt sein können?

Ein Mädchen musste die Farbe Rosa und Spitzen lieben, musste sich um seine Puppen kümmern und gerne die erwachsenen Frauen nachahmen, musste heimlich nach den Schminktöpfen der Mama greifen, ihre Schuhe anprobieren und auf den Absätzen schwankend dahinstöckeln, musste seichtes Geplauder mögen, die exhibitionistische Rivalität mit den Gleichaltrigen.

Ein Mädchen musste damals hübsch und hilfsbereit sein, »die kleine Frau im Haus«, wie meine Großmutter voller Stolz sagte, wenn sie uns besuchen kam.

Ist es möglich, fragte ich mich, dass niemand meinen langen, weichen Schwanz sah, wie er sich mit bedrohlicher Langsamkeit bewegte? Dass niemand, wenn er meinen Blick auffing, die Glut bemerkte, die auf seinem Grund loderte?

Ein Tiger, gezwungen, eine Puppe zu sein!

Eine Antenne mit bloß liegenden Drähten

Bis zum Eintritt in die Grundschule habe ich für mich selbst anstelle meines Namens stets einen Männernamen verwendet. In der Schule musste ich mich dann der prosaischen Eindeutigkeit des Klassenbuchs fügen. Mit enormer Scham – eine nicht unbeträchtliche Rolle spielte dabei ein Streichkäse, der damals sehr in Mode war – begann ich unter dem Joch der Entfremdung zu leben.

Hätte ich selbst wählen können, ich hätte mich Elektra genannt, weil seit jeher Unmengen an Elektrizität durch meinen Körper und meinen Geist flossen und aus mir eine Antenne mit bloß liegenden Drähten machten.

Welch großes Geheimnis, der Augenblick, da die Eltern den Namen des Wesens wählen, dessen Gesicht sie noch nicht kennen! Ich bin überzeugt, dass es da einen Engel gibt, der mit dieser Aufgabe betraut ist. Er ist es, der sich irgendwann zum Ohr der Mutter hinabbeugt und ihr die bis dahin unbekannte Folge von Buchstaben einflüstert.

Im Grunde geht jeder Geburt eine kleine Verkündigung voraus. Der Engel schlägt den Namen vor, und dieser Name ist die Tür, die man durchschreiten muss, um ins eigene Schicksal einzutreten.

Erst im Lauf der Jahre habe ich begriffen, dass ich von dem Zeitpunkt an, da die Keimzelle zu wachsen begann, wirklich Susanna war und dass dieser Name das Kreuz und die Gnade meines Weges sein würde.

Im Hebräischen bedeutet Susanna nämlich »weiße Lilie«, die Blume, die in der christlichen Ikonografie Reinheit symbolisiert.

Die biblische Geschichte der Susanna im Buch Daniel ist eine Erzählung von verratener Unschuld. Und noch deutlicher findet man diese verratene Unschuld im Reich der Natur wieder, hat sie doch einen hübschen Käfer mit roter Livree hervorgebracht *(Lilioceris lilii)*, der ausschließlich auf Lilien lebt - nicht, um sich an ihrem Duft oder ihrer Schönheit zu berauschen, sondern ausschließlich, um sie mit seinem Kot zu beschmutzen. Ohne Schädlingsbekämpfungsmittel zum Einsatz zu bringen ist es wirklich schwer, eine Lilie zu finden, die nicht von üblen braunen Verkrustungen befleckt ist.

Da ist also in der Welt eine Energie am Werk, die immer und überall das zu beschmutzen, zu verunreinigen strebt, was von selbst nicht schmutzig und unrein ist. Den sirenenhaften Verlockungen der Psychologie folgend, neigen wir dazu, diese allgegenwärtige Kraft zu vergessen, ihr beständiges Streben, das Schöne zu vernichten, das Wahre zu verdunkeln.

Der Name einer Pistole

Auch wenn seit dem Tod meiner Großmutter mehr als zwanzig Jahre vergangen sind – und sie die letzten sechs Jahre umnachtet von der Demenz zugebracht hat –, spüre ich, dass bis heute eine sehr starke Verbindung zwischen uns besteht.

Sie war der Leuchtturm meiner Kindheit und Jugend. Dieses Licht, das sich in Intervallen auf meine Tage legte, war es, was mich mehrmals vor dem Schiffbruch im Sturm bewahrt hat.

Meine Großmutter hatte Freud gelesen, als in Italien noch niemand wusste, wer das ist, und war vertrauter mit den Münzen des *I Ging*, dem taoistischen Buch der Wandlungen, das ihr Onkel, Bruno Veneziani, übersetzt hatte, als mit der Bibel, die aber doch ihr Lieblingsbuch blieb. Sie war eine sehr schöne, charaktervolle Frau, sie liebte die Literatur, und noch mit achtzig bekam sie von ihren Verehrern Blumensträuße geschickt; sie war gebildet und ruhelos und bedauerte es, aus ihrer großen Intelligenz nichts gemacht zu haben, ein Umstand, der der damaligen Zeit und ihrer Herkunft geschuldet war. Obwohl sie eine miserable Mutter gewesen war, gab sie als Großmutter ihr Bestes.

Ihrem psychologischen Spürsinn war es zu verdanken, wenn ich einmal an Weihnachten genau die gleiche Cowboyausrüstung unter dem Christbaum fand wie mein Bruder.

Ich erinnere mich noch an die Erregung beim Umschnallen des breiten Gürtels und beim Befestigen des blechernen Sheriffsterns am Pullover. Ich wollte ihn gar nicht mehr abnehmen, auch nicht zum Schlafen. Als ich dann entdeckte, dass der auf der Pistole eingravierte Name der meine war – *Susanna* –, kam großer Frieden über mein Herz.

Den Namen einer Pistole zu haben war doch etwas ganz anderes, als den eines Streichkäses zu tragen.

Ein paar Jahre später war es wieder meine Großmutter, die mir zum Karneval ein Carabiniere-Kostüm besorgte. Dieser Karneval hat für mich ein ganzes Jahr gedauert, sobald ich konnte, zog ich das Kostüm an. Ich legte es erst ab, als es an den Knien buchstäblich durchgewetzt war.

Welches Glück, eine Uniform zu tragen!

Im Lauf der Jahre habe ich mich oft über diese kriegerische Neigung gewundert, da ich doch nie etwas für Machtpositionen oder Gewalt übrighatte. Eine Uniform zu tragen bedeutete, einer Ordnung anzugehören und bereit zu sein, für diese Ordnung zu kämpfen.

Aber hatte ich das nicht von Anfang an gewusst?

Dass mein Leben im Grunde ein einziger, unausgesetzter Kampf sein würde?

Die Fragen

Ich bin in der Stadt aufgewachsen, enorme Schmerzen haben meine Haltung von Anfang an gebeugt.

Kein unbeschwertes Herumtollen, keinerlei kindliche Leichtigkeit.

Beim Gehen schaute ich zu Boden, betrachtete die staubigen Grasbüschel in den Mauerritzen, das Unkraut in den Rissen des Asphalts, die Steinchen, Glasscherben, Zigarettenkippen und Kronkorken.

Ich dachte an die Erde und versuchte zu verstehen, wie sie beschaffen war. Wie kam es, dass wir an ihr haften blieben, während die Vögel flogen? Und wenn sie es müde werden sollte, uns festzuhalten, würden wir uns dann im Raum verlieren?

Manchmal rannte ich und schlug wie verrückt mit den Armen in dem Versuch zu fliegen.

»Na und?«, fragte ich dann meinen Bruder.

»Ja, ein bisschen hast du vom Boden abgehoben.«

Aber ich wusste, dass es eine fromme Lüge war.

Die Erde verlangte nach meiner Präsenz und verlangte danach, dieser Präsenz einen Sinn zu geben.

Lichtschein in der Nacht

Die erste Sammlung, die ich anlegte, war eine Sammlung von Steinen.

Vom Strand brachte ich Kiesel und wunderbar glatt geschliffene Glasscherben mit nach Hause. Während der Ausflüge auf den Karst oder in die Berge sammelte ich Steine, die in ihrem Inneren Lichtfunken einzuschließen schienen, und andere, die durchsichtig waren wie Eis.

Es gab also nur eine Erde unter unseren Füßen, aber diese eine war imstande, sich in vielfältigen Formen zu manifestieren. »Woher kommt diese Vielfalt?«, fragte ich mich.

In Ermangelung von Fernsehen und Internet blieben mir die Fragen tagelang unbeantwortet im Kopf, monatelang. Sie tauchten nachts auf wie ein Lichtschein, im Morgengrauen wurden sie schwächer, um dann am Nachmittag erneut aufzuleuchten.

Das Floß, auf dem ich fuhr, war ein Rettungsboot.

Und dann eines Tages die Offenbarung. Die Erde war letztlich nicht viel anders als eine Kirschpraline.

Außen eine harte Schale aus Schokolade und innen eine weiche Frucht voller Likör.

Auch unser Planet hatte eine Kruste und darunter einen Mantel, wie Räuber und Feen. Und unter diesem Mantel gefangen ein glühendes Herz aus Feuer.

Das Herz der Erde war also weich, aber von einer beunruhigenden Weichheit. Feuer erhellt und wärmt, es kann aber auch zerstören und verschlingen.

Diese unverwirklichte Möglichkeit da drinnen, welchen Sinn hatte sie?

Würde dieses Potenzial eines Tages explodieren und uns alle in die Luft jagen?

Oder würde es zusammengeduckt dort liegen bleiben wie die verzweifelten Tiger, die ich im Zirkus gesehen hatte?

Der Tiger und der Akrobat

Der Zirkus brachte mich zum Weinen.

Noch heute zieht sich mir das Herz zusammen, wenn ich die Plakate sehe. Die feierliche Majestät der Tiere, herabgewürdigt durch die lächerliche Dummheit der Menschen. Diese auf den Schemeln hockenden Tiger, dieses Brüllen und diese vom Peitschenknall in Schach gehaltenen Pranken. All diese Macht, diese Schönheit, nur um durch einen Feuerring zu springen.

Und was soll man von den Elefanten sagen?

Ihre alte und ehrwürdige Weisheit darauf reduziert, mit einem Federbusch auf dem Kopf im Kreis zu gehen, dem Dompteur einen Fuß auf die Schulter zu legen, ohne ihn zu erdrücken.

Ich hätte in die Manege laufen und sie umarmen wollen, ihre faltige Haut mit meinen Tränen benetzen und flehen: Verzeiht uns, Brüder Elefanten.

Auch die Clowns brachten mich zum Weinen.

Alles lachte, und ich spürte, wie sich mein Magen verkrampfte, ich gab mir schreckliche Mühe, nicht in Schluchzen auszubrechen.

Der Schmerz der Tiere und die Traurigkeit der Menschen, die andere zum Lachen bringen mussten, brachen über mich herein wie ein Tsunami.

Erleichterung brachten die Akrobaten, die Jongleure und Seiltänzer. Nahezu atemlos verfolgte ich die durch die Luft fliegenden Teller, das Balancieren auf dem Seil, das Schwingen der Körper zwischen den Trapezen. Welches Wunder liegt in der Fähigkeit des Menschen, sich zu vervollkommnen, durch Arbeit und Anstrengung scheinbar unerreichbare Dimensionen zu erreichen!

Zu Hause schwankte ich in den folgenden Tagen zwischen zwei entgegengesetzten Gefühlen.

Ich wusste, dass mich alles, was ich gesehen hatte, persönlich betraf. Ich spürte, dass in mir ein Tiger kauerte, der sich nur vorübergehend von der Peitsche einschüchtern ließ. Aber außer diesem Tiger war da auch der Akrobat mit seiner Willenskraft und dem Wunsch, von der Erde abzuheben und schwere- und mühelos durch die Luft zu gleiten, einen schwebenden Moment der Gnade lang.

Tränen

Tränen waren die treuen Gefährten meiner Kindheit.

Keine Tränen, um etwas durchzusetzen – die waren nicht vorgesehen –, auch keine, wenn ich hingefallen war oder wegen einer Schürfwunde – auch die waren streng verboten.

Es waren eher Tränen des Bestürztseins.

Ich weinte über Dinge, die andere Kinder und auch die Erwachsenen völlig gleichgültig ließen.

Nach einigen bescheidenen Versuchen der Verständigung – die schon im Kindergarten fehlschlugen – war mir bald klar, dass sich ein Großteil meines Lebens in der Einsamkeit abspielen würde.

Die Wirklichkeit bestand aus munteren Schwimmern, während ich an der Oberfläche überhaupt kein Vergnügen fand.

Es war meine eigenste Natur, die mir das verwehrte.

Das feurige Herz der Erde – diese instabile Masse unter unser aller Füße – lud mich ständig ein hinabzusteigen.

Ein Taucher im Asbestanzug.

In die Dunkelheit eintauchen, die Finsternis durchqueren, um zu entdecken, ob dort unten wirklich die vernichtende Macht des Lichts gefangen war.

Mein Geist brachte unaufhörlich Fragen hervor, dasselbe tat mein Herz. Ich stellte mir Fragen über die Materie, und ich stellte mir Fragen über das, was nicht Materie ist.

Das waren nicht die Fragen eines aufgeweckten Kindes. Die seltenen Male, die ich versuchte, sie zu formulieren, riefen sie weder Bewunderung noch stolze Blicke hervor, sondern betretenes Schweigen, gefolgt von dem Vorwurf: »Aber auf was für Ideen kommst du denn da? Denk lieber an Dinge, die deinem Alter gemäß sind.«

Männlich, weiblich

Unter den vielen Gaben, die ich vom Himmel geschenkt bekommen habe, ist auch die, in einer Zeit geboren zu sein, die noch vom gesunden Menschenverstand bestimmt war.

Wäre ich jetzt geboren worden, hätten mich die Raubvögel der Gendertheorie entführt, hätten mich Verhören unterworfen und mich dazu gebracht, mich in meinem Inneren genau festzulegen: Wenn du dich in deinen Kleidern unwohl fühlst, musst du sie so bald wie möglich ablegen und für dich passendere anziehen.

Ich hasste alles, was an Weiblichkeit erinnerte, aus tiefstem Herzen, aber das heißt nicht, dass ich übertriebene Männlichkeit liebte. Räuber und Gendarm und Fußball spielte ich notgedrungen, weil ich in der Familie - und in dem Haus, in dem ich wohnte - nur von Jungs umgeben war, aber die Gewalt von Pistolengeknall und von Ballschüssen ins Gesicht war mir ebenso ein Gräuel wie das Spiel mit Puppen.

Meine Andersartigkeit drückte sich in bescheidenen

Dingen aus. Hosen tragen dürfen, kurz geschnittene Haare haben – gekämmt zu werden war eine Tortur –, einen Beruf anstreben, der Frauen damals verwehrt war.

Ich träumte davon, in Kanada zu leben und ein Rotrock zu sein, zwischen vereisten Seen und der Tundra dahinzureiten, der Horizont vor mir die einzige Begrenzung. Ich liebte neutrale Dinge: Schlittschuhlaufen, Radfahren, Versteck spielen, Steine sammeln.

Unter den Stimmungslagen mochte ich am liebsten die Freundlichkeit. Unter den Zuständen das Halbdunkel, die Stille, das Ruhig-dasitzen-und-die-Welt-Beobachten.

Unbemerkt bleiben – mein höchstes Streben.

Ich hatte meine Gedanken, und diese Gedanken waren eine turbulente Schar, weshalb es mir nicht möglich war, irgendwelche anderen Bewegungen auszuführen.

War ich unglücklich?

Ja, ich war außergewöhnlich unglücklich.

Ab und zu machte ich die Generalprobe zum Selbstmord. Ich verschloss mir die Nase und hielt die Luft so lange an, wie ich konnte. Mein Bruder zählte eifrig die Sekunden. Jeden Tag ein neuer Rekord. Aber jedes Mal, wenn ich anfing, blau anzulaufen, sprang mein Mund mit Gewalt auf und verwandelte mich in einen Frosch.

Ich begehre, also bin ich

Die zwangsweise Genitalisierung der menschlichen Wirklichkeit treibt uns auf Bezirke verzweifelter Traurigkeit zu.

Man ist gezwungen, sich festzulegen.

Man ist *so* oder *anders* oder *ein bisschen so* und *ein bisschen anders* und womöglich auch *ein bisschen ganz anders*. Und nur dieses *so, anders* und *ganz anders* vermag unsere Beziehung zur Welt zu bestimmen, die sich in der Mehrzahl der Fälle auf anmaßendes Fordern beschränkt.

Sicher, wenn wir die Idee, dass es da etwas gibt, was größer, geheimnisvoller und komplexer ist als unsere physische Wirklichkeit, ad acta legen, bleibt nichts anderes übrig, als sich an die Einzigartigkeit des Begehrens zu halten.

Ich begehre, also bin ich, lautet das Gemeingut gewordene Mantra unserer Gesellschaft. Ich begehre Dinge, ich begehre Körper, und wenn mein eigener Körper meinen Vorstellungen nicht entspricht, dann verändere ich ihn so lange, bis er die ständig neuen Wünsche befriedigt, die mein Geist in unermüdlicher Selbstüberbietung ersinnt.

Obwohl doch das ganze Universum durch die Polarität von Yin und Yang, weiblich und männlich, in Gang gehalten wird und sich fortzeugt, im ständigen Tanz der Gegensätze die uns umgebende Wirklichkeit erschafft, sind wir so weit gekommen, das Unbestimmte zu unserem alleinigen und rettenden Gesetz zu erheben.

Aber das Unbestimmte, was bringt es hervor?

Ist es nicht wie ein Kreisel ohne Schnur? Ohne die kinetische Energie, die ihn in Drehung versetzt, ist er nichts als ein totes Stück Holz.

Anstelle des Tanzes der Differenzierung finstere Reglosigkeit. Anstelle des Lebens der Menschen das faszinierende Leben der Blattläuse, die alles alleine schaffen, und mit großem Erfolg.

Unterhalb der Gürtellinie

Auf den Raum unterhalb der Gürtellinie beschränkt leben oder nach Ganzheit streben – das ist das große Dilemma, in dem wir uns heutzutage wiederfinden.

Unsere Füße haften am Boden, aber unser Kopf strebt nach oben wie die Wipfel der Bäume. Ohne Wipfel ist alles einfacher, aber auch schrecklich banal.

Eine auf das Körperliche beschränkte Welt ist nicht imstande, uns zu überraschen.

Materie, nichts als Materie.

Aber die Materie an sich vermag nur ein schwaches Glimmen in der Finsternis hervorzubringen.

Ich weiß, ich kontrolliere, ich beherrsche.

Das ist die allgegenwärtige Dreieinigkeit unserer Zeit, die unter dem luftigen Schleier der Freiheit bereit ist, Zäune zu errichten, Maschen- und Stacheldraht auszurollen.

Unsere bescheidene Allmacht bringt eine ihr entsprechende Welt hervor, der Horizont, auf den wir uns zubewegen, ist der von Insektengesellschaften. Es stimmt, da unten funktioniert alles tadellos.

Ist nicht vielleicht die Perfektion die Dimension, auf die wir mit aller Macht hingetrimmt werden?

Brauchen wir noch eine Hölle, oder reicht uns das?

Die Hölle der Perfektion, von uns selbst eingerichtet und beherrscht. Gesund sein, effizient sein, immer auf der Höhe sein, oder …?

Oder sich schämen für das Scheitern und ins Abseits abdriften, so bald wie möglich erkennen, dass diese Welt keine Schwäche duldet, und sich entsprechend verhalten, einen Weg einschlagen, der ein Ausweg ist.

Gibt es einen schlimmeren Richter auf Erden als den Perfekten?

Und doch waren wir es selbst, die wir voller Stolz dieses unser Geschick wählten, und wir folgen ihm, stimmen ein in den Chor der Mehrheit, ohne Zögern, ohne einen Zweifel, ohne je einen Blick in die Weite oder nach oben zu riskieren.

Was ist eigentlich der Mensch?

Wissenschaft und Technik geben uns mittlerweile die Mittel an die Hand, alles zu messen und die Tücken des Geschicks vorherzusehen. Von dem Augenblick an, da die Samenzelle auf das Ei trifft, beginnt das Fotografieren, Quantifizieren, Registrieren und Vergleichen.

So gelangt man rasch von der Idee des Geschenks zu der des Produkts. Entspricht das Produkt unseren Wünschen, oder hat es einen Defekt, irgendeinen Mangel?

Wenn ja, fühlt man sich berechtigt, den Vertrag zu kündigen, und sollte man Zweifel haben, werden einen die Personen ringsum von der Unsinnigkeit des eigenen Zögerns überzeugen.

Man muss wirklich sehr in sich gefestigt sein, um den Sirenen der Vernichtung zu widerstehen. Das nächste Mal wird es bestimmt besser, und wenn nicht, dann das Mal darauf.

Versuchen und noch mal versuchen. Ist das nicht das Motto der Wissenschaft?

Versuchen und noch mal versuchen, es stimmt, so entdeckt man Dinge.

Versuchen und noch mal versuchen, so wählt man Produkte aus.

Mittlerweile sind wir technisch versiert genug, dass wir sicher sein können, früher oder später das gewollte Ergebnis zu erzielen. Es ist Frucht des Fortschritts, und dieser Fortschritt trägt ein schönes Gesicht zur Schau, weil er durch Wissen das Übel der Mangelhaftigkeit beseitigt.

Wenn unsere Existenz nur an eine bestimmte Anhäufung von Fleisch, Flüssigkeit und Knochen gebunden ist, ist diese Überlegung völlig richtig. Wenn man die Wahl hat, sucht man das Beste aus und ist dankbar für die Errungenschaften der Wissenschaft, die das erlauben. Daran ist nichts zu verurteilen.

Was die beiden Wege voneinander unterscheidet, geht dem voraus, und zwar ist es das Vorhandensein – oder die Abwesenheit – von Fragen.

Stellt man sich Fragen oder nicht?

Und wenn man beschließt, es zu tun, ist man sich dann bewusst, dass die Frage das genaue Gegenteil einer Versicherung ist?

Die Frage bringt einen nicht in Sicherheit, sie ist vom Wind des Risikos umweht. Es gibt keine Zuflucht, keinen Halt, es gibt keine Garantie bezüglich der Länder, die wir entdecken werden.

Seelenreise

In *Geh, wohin dein Herz dich trägt* spricht Olga, die betagte Heldin, vom Blick der Neugeborenen.

Ich glaube, die Frage nach der menschlichen Wirklichkeit muss zuerst bei der Betrachtung dieser Augen beginnen, die sich zum ersten Mal auf die Welt öffnen.

Die Embryonenforschung erklärt uns, wie sie sich gebildet haben, ist aber nicht in der Lage, uns das Leuchten eines sehr alten Lichts zu erklären, das in ihnen schimmert. Der Blick, der sich noch unter dem milchigen Schleier des intrauterinen Lebens bewegt, scheint aus einer sehr fernen Welt zu kommen.

Das Wesen ist hier, aber noch nicht ganz.

Beim Sterbenden geschieht etwas ziemlich Ähnliches. Auf einmal gleitet der Blick ab, gerufen von einem anderen Horizont. Einem Horizont, der für uns noch ganz Lebendigen unsichtbar ist.

Seit Beginn der Menschheitsgeschichte zeigte der Mensch die Neigung, an eine Wirklichkeit nach dem Tode zu glauben. Da jedes Ding, um zu existieren, notwendig auch die Existenz seines Gegenteils voraussetzt, ist klar, dass, wenn es ein Danach gibt, es auch ein Davor geben muss.

Woher kommt also der nicht messbare Teil eines Kindes?

Wohin geht der nicht messbare Teil eines Sterbenden?

Bei der Beantwortung dieser Fragen müssen wir ehrlich sein: Wir haben nicht die geringste Ahnung.

Die Reise der Seele ist unter einem dichten Schleier verborgen, sie lässt sich nicht erforschen, messen, klassifizieren.

Wir kommen aus einer Dunkelheit und gehen auf eine andere Dunkelheit zu.

Ja, und?

Welchen Sinn hat es, Zeit zu verlieren mit etwas, was wir nie wirklich erkennen können?

Sollten wir uns nicht besser auf die konkrete Wirklichkeit unserer Tage beschränken?

Ja, das sollten wir wohl, wenn wir vor dem Blick eines Neugeborenen keine Verwirrung empfinden, wenn wir angesichts des Leichnams eines Verstorbenen nur an Organe für die Transplantation denken, an die fruchtbare Asche oder an die fetten Würmer, die sich gern von seinem Fleische nähren würden.

Schlaflose Nächte

Die Schlaflosigkeit war – und ist – die große Gefährtin meines Lebens.

Schon mit vier konnte ich nicht schlafen. Es war, als würde ich den Schalter nicht finden, um den Strom meiner Gedanken abzustellen. Da war eine lärmende Menge in meinem Kopf, und ich war ihrer Gewalt ausgeliefert. Ich quälte meinen Bruder, mit dem ich das Zimmer teilte, mit Fragen, bis er gereizt hervorstieß: »Jetzt reicht's!«

Ich weiß nicht, woher ich all diese Fragen hatte, in meiner Erinnerung sind sie seit jeher bei mir. Deshalb glaube ich, dass die Seele eines Neugeborenen von sehr weit her kommt.

Wie viele und welche Kräfte wirken auf die Empfängnis ein?

Wenn wir die beruhigende Welt der Mechanik verlassen, können wir nur noch einmal wiederholen: Wir wissen es nicht.

Jahrelang besaß ich eine Herde Ziegen, und die Zicklein kamen unfehlbar zum Vollmond im Februar zur

Welt. Die Sterne haben also eine nicht unbeträchtliche Auswirkung auf die Physiologie der Lebewesen. Auch die jahreszeitlichen und klimatischen Bedingungen bei der Geburt spielen sicher eine Rolle.

Und was ist mit den Eltern?

Aus der chinesischen Medizin weiß man, dass Gesundheit, Kraft, Charakter und Anfälligkeit für Krankheiten bei einem Neugeborenen von der Intensität der Beziehungen beeinflusst werden, in die es eingebunden ist.

Welch unglaubliche, unergründliche Komplexität liegt in diesen paar Kilogramm eines Wesens, das eben erst auf die Welt gekommen ist! Von wegen Tabula rasa!

Jedes Kind kommt auf die Welt mit einem sehr langen Pergamentstreifen in der Hand, bedeckt von einer Schrift, die es nicht entziffern kann. Sicher, einen Großteil davon macht die DNA aus, aber dank der Epigenetik wissen wir mittlerweile, dass die Informationen der Doppelhelix nicht ein für alle Mal festgelegt sind. Was sich scheinbar notwendig so entwickeln musste, kann sich an einem bestimmten Punkt ändern und anders entwickeln.

Das gilt auch für die DNA, diesen fabelhaften Mythos unserer Zeit. Vielleicht kann man davon allmählich das Gleiche sagen, was man so lange von den Sternen gesagt hat. Die DNA gibt eine Tendenz vor, legt aber nicht fest.

Also – da die Fragen pausenlos aufeinanderfolgen – was ist es, was uns festlegt?

Kinder und basta

Was wäre aus mir geworden, wenn die Fürsorge meiner Eltern oder der Eifer irgendeines Lehrers mich vor der Zeit einem brillanten Psychologen in die Arme gespielt hätte?

In meiner Kindheit waren die Schulklassen groß und wurden von eiserner Disziplin zusammengehalten. Persönliches Unbehagen blieb persönlich, das heißt geheim, begraben tief im Herzen des Kindes. Es wäre undenkbar gewesen, durch den Klassenraum zu laufen oder die Frau Lehrerin zu unterbrechen, ohne schwere Strafen auf sich zu ziehen, an die allein zu denken einen erschauern ließ.

Zu Hause waren die Dinge nicht viel anders, die Kinder blieben unter sich, und Dreh- und Angelpunkt der Beziehung zu den Eltern war auch hier der Gehorsam.

Wenn dann, wie in meinem Fall, die Beziehung zwischen den Eltern von enormen Problemen belastet wurde, geriet alles, was die Kinder anging, zu einem blassen Schatten, der sich vor dem Hintergrund der Tage kaum abzeichnete.

Im Allgemeinen verlangte damals niemand von uns, in irgendetwas zu glänzen. Keine Gitarrenstunden, kein Fremdsprachenunterricht, keine verlockende sportliche Aktivität. Ich hätte sehr gern Klavier gespielt. Meine Urgroßmutter hatte eins, und natürlich war mir verboten, es anzurühren, doch sobald ich in dem Zimmerchen allein war, nahm ich das grüne Tuch von den Tasten und berührte sie vorsichtig, wobei ich so tat, als befände ich mich mitten in einem Konzert.

Ich ahnte, dass die Musik mir in meiner Einsamkeit eine große Freundin hätte sein können. Die Bitte, ein Instrument lernen zu dürfen, ist mir aber nie über die Lippen gekommen. Ich kannte die Antwort schon, besser den Mund halten.

Kinder mussten in die Schule gehen, ihre Hausaufgaben machen, Fußball oder Versteck spielen, durften sich höchstens bis zum Park mit seinen kahlen Rasenflächen vorwagen und sich dort auf den Rollschuhen Knie und Arme aufschlagen.

Das Spiel war immer dasselbe.

Die Wölfe jagen das Lamm.

Die Rollen wurden von den größeren Jungs verteilt – ich bin der Wolf, du bist das Lamm.

Überflüssig zu sagen, dass ich immer das Lamm war.

Wölfe und Lämmer

In den frühen Sechzigerjahren gab es das italienische Wort »bullo« (»Halbstarker«) noch nicht, es musste erst noch erfunden werden.

Es gab die Gewalttätigen, die freudige Erregung dabei empfanden, sich an den Schwachen auszutoben, wie das seit jeher so ist. Meine gesamte Kindheit war eine ängstliche Flucht vor der Gewalt der Starken, der Gerissenen, der Sadisten.

Wenn eines Tages eine Fee am Fuß meines Bettes erschienen wäre, hätte ich als einzige Gabe darum gebeten, verschwinden zu können, durchsichtig zu werden. Niemand würde die Luft angreifen können.

Sanftmut, Seelentiefe ziehen die perverse Aufmerksamkeit derer an, die diese Eigenschaften nicht besitzen, wie ein Magnet das Eisen.

Die Starken möchten die Ahnung, dass es eine andere Welt gibt und eine andere Art, sich mit dem Fremden in Beziehung zu setzen, für immer auslöschen. Die Hierarchie des Rudels ist genetisch bedingt und überall anzutreffen.

In unseren Tagen ist dieses Problem – dank der Millionen, Milliarden von Stunden, die Kinder vor dem Fernseher und im Internet zubringen und diesen Schund in ihre Köpfe und Herzen aufnehmen – von enormer Tragweite geworden.

Wenn früher die Martermethoden der Apachen oder die Spiele eines Wolfrudels das Beispiel waren, dienen heute der erfolgreiche Camorrist, der Serienmörder, der Sexualstraftäter als nachahmenswerte Vorbilder.

Wehe, man hat ein sensibles Kind, sanftmütig und lernbegierig. Das Rudel wird alles daransetzen, es auf sein Niveau herabzuziehen.

Beschmutzen, demütigen, jede Form der Andersartigkeit auslöschen.

Wobei die Andersartigkeit meist nicht in der sexuellen Identität liegt, sondern eher in der Sanftmut der Seele.

Eine Unruhe in sich tragen, eine Offenheit für alles Geheimnisvolle, Große und Schöne, oder mit den niedrigen Instinkten unterhalb der Gürtellinie leben.

Der ewige Kampf, der aber immer ungleicher wird, weil dem Großteil der Lämmer mittlerweile der einzige wahre Trost genommen wurde, der des göttlichen Lamms.

Eine Laune des Schicksals?

Wenn ich mit sieben, acht Jahren einer Psychologin gegenübergesessen hätte, was hätte ich ihr sagen können?

Sie hätte mich vielleicht freundlich nach meiner Abneigung dagegen gefragt, als Mädchen behandelt zu werden, und ich hätte auf meine Füße gestarrt und nach langem Schweigen nicht anders gekonnt, als zu bestätigen, dass ich wirklich sehr gern nach Kanada gehen und dort ein Rotrock sein würde. Es schien mir damals kein schöneres Leben zu geben als eines, das man in der Stille zubringt, unentwegt mit der Erforschung der grünen Kathedrale der Wälder beschäftigt.

Aber das hätte ich natürlich nicht gesagt.

Ich hätte mit den Beinen gebaumelt und weiterhin zu Boden gestarrt.

Sie hätte mich vielleicht gefragt, ob mein langes, anhaltendes Weinen daher käme, und ich hätte, um sie zufriedenzustellen, mit Ja geantwortet. Und sie hätte sich eifrig Notizen gemacht über die Problematik einer Persönlichkeit, die aus einer Laune des Schicksals heraus im falschen Körper leben muss, und hätte mir womöglich therapeutische Wege aufgezeigt, wie ich nach und nach zu der Person werden könnte, die zu sein ich träumte. Ich wäre nach Hause zurückgekehrt mit dieser schwarzen Wolke in mir, die mir Herz und Lunge zerfraß. Ich hätte mich auf den Boden gelegt und dem Weinen alle Schleusen geöffnet und sie stundenlang offen gelassen. Noch jemand, der nichts gesehen, der nichts verstanden hatte.

Schon zu oft hatte ich auf die Frage »Warum weinst du?« unter Schluchzen geantwortet: »Ich weiß es nicht!«

Und das stimmte, aber auch wieder nicht.

Es gab da ein schwarzes Knäuel in mir, das jedoch nicht aus harmloser Wolle bestand, sondern ein Knäuel Schlangen war. Mal schlief es, mal war es wach. Wenn es erwachte, schnellten die Schlangen los und legten sich um Kehle und Zwerchfell, versuchten, mich zu erwürgen.

Ich hätte sagen können: »Ich weine, weil ich diesen Feind in mir habe, weil dieser Feind großes Entsetzen in mir auslöst.«

Aber wie von Bestürzung reden mit jemandem, der von diesem Seelenzustand keine Ahnung hat?

Zu viele Mängel

Meine erste Berührung mit der Welt hatte ich im Kindergarten.

Dort habe ich binnen weniger Tage meine tiefe Berufung zum Eremitendasein begriffen. Ich verstand nichts von dem, was man tun musste, ich konnte keinerlei Beziehung zu meinen Altersgenossen aufbauen. Was für die anderen ein Vergnügen war, war für mich besetzt mit der Angst vor dem Ausgeschlossensein. »Dieses Mädchen wird Ihnen ernste Probleme bereiten«, sagte die Kindergärtnerin am Ende des Jahres zu meiner Mutter, »ich möchte nicht ausschließen, dass sie in einer Irrenanstalt landet.«

Damals hatte die klebrige Soße der Political Correctness noch nicht alle menschlichen Beziehungen überzogen. Die Dinge beim Namen zu nennen war ein ausgezeichnetes Mittel, in der Realität verankert zu bleiben.

Die Worte der Kindergärtnerin hatten meiner Mutter nur bestätigt, was sie wusste, seitdem ich auf der Welt war. »Schon an deinem ersten Weinen habe ich gemerkt, dass mit dir etwas nicht stimmt«, wiederholte sie mir oft.

Das Stigma, der Makel, der Schatten der Schande.

Wäre ich im neuen Jahrtausend geboren, wäre ich schon bei der Empfängnis durch die DNA-Analyse verurteilt gewesen. Zu viele Mängel auf dieser Doppelhelix – Gefährdung durch Selbstmord, Alkoholismus, Wahnsinn. Was da Gutes hätte sein können, weiß ich nicht, ich habe spontan nie durch irgendetwas geglänzt.

Aller Wahrscheinlichkeit nach hätte auch Beethoven ein solches Ende gefunden. Ein Kind mit der Veranlagung zum Alkoholismus und zur Taubheit bringt man doch nicht zur Welt! Und was soll man dann von dem großen Pianisten Petrucciani sagen! Er hatte die Veranlagung zur Verkrüppelung, also auch für ihn Daumen nach unten. Und Rimbaud? Und Baudelaire? Van Gogh? Ihre DNA musste wirklich bedenkliche Abschnitte aufweisen.

Die Anpassung, die die Gesellschaft der Perfekten verlangt, lässt keinen Raum für den, der nicht perfekt ist.

Körperliche, aber auch charakterliche Perfektion.

In der Welt, die sich vor uns abzeichnet, hat die Unruhe kein Stimmrecht.

Und wenn sie es hat, so nur, um die Pille zu erflehen, die sie in Kürze auflöst.

Individuum und Person

Heutzutage ist die einzig zulässige Andersartigkeit die sexueller Natur.

Was einst bestenfalls geduldet und mit Schweigen übergangen wurde, ist heute nicht nur zulässig, sondern wird als natürlich betrachtet.

Gewiss handelt es sich dabei um einen Fortschritt in der Beziehungskultur der Menschen, aber ich kann mir nicht helfen, im Hintergrund höre ich ein leises Knirschen.

Ich bin ein Kind der Siebzigerjahre, meine gefühlsmäßige Erziehung war von der vollkommensten Libertinage geprägt. Vielleicht kann ich deshalb diese Domestizierung der Andersartigkeit nur mit fassungslosem Staunen betrachten. Beharrlich Dinge zu wollen, die zu meiner Zeit als wirklich grauenhaft angesehen wurden: Eheschließung, Hochzeitsbankett, sonntägliche Mittagessen mit den Schwiegereltern. Wie konnte es zu dieser Tendenzwende kommen? Und was bedeutet eine Andersartigkeit, die bloß danach strebt, sich dem anzugleichen, was bisher als Normalität galt?

Ich stehe auf dem Standpunkt, dass jede Beziehung den größten Respekt verdient, denn sich dem anderen zu öffnen und ihn anzunehmen ist das ureigenste und tiefste Vermögen unserer Natur, aber ich befürchte auch, dass der Zwang zu dieser neuen »Normalität« uns in eine immer engere und engherzigere Wirklichkeit führen könnte.

Die Linearität des *Individuums* hat die Oberhand gewonnen über die Komplexität der *Person*, und alles Pochen auf Rechte ist unmittelbare Folge davon.

Für das Individuum muss das Recht das Recht aller sein, während der Person bewusst ist, dass es im Leben außer dem Tod keine andere Form der Demokratie gibt.

Trauriger Karneval

Ich habe den Karneval nie gemocht, die Beklemmung, die er bei mir auslöste, war nicht sehr anders als die, die ich beim Anblick der Tiere im Zirkus empfand. Dort mussten die Tiere so tun, als hätten sie ihre Raubtiernatur abgelegt, im Karneval war man gezwungen, übertriebenes Vergnügen zu heucheln bei gleichzeitiger Verfremdung der eigenen Person, ähnlich dem, was die Clowns unter der Zirkuskuppel zeigen mussten.

In die Kleider eines anderen zu schlüpfen hätte mir bei dem Unbehagen, das mir die eigenen verursachten, etwas Erleichterung verschaffen können; das Problem war freilich, dass damals nicht die Kinder das Kostüm aussuchten, sondern die Eltern, und dabei womöglich das eines größeren Cousins oder einer größeren Cousine wiederverwendet wurde.

Ich erinnere mich an ein schreckliches Jahr, als mir das Rotkäppchenkostüm zufiel. Der Weg, den ich zu Fuß zurücklegen musste, um zum Ort der Feierlichkeit zu gelangen, ist mir als einer der längsten meines Lebens in Erinnerung. Ich hielt den Weidenkorb mit dem Essen für die Großmutter in der Hand, auf dem Kopf trug ich eine lächerliche Haube, ein kariertes Tuch als Mäntelchen um die Schultern, so schlich ich an den Häuserwänden entlang.

Wie kann Rotkäppchen Spaß haben, wenn es weiß, dass es wenig später vom Wolf gefressen wird?

Die Cowboys, Indianer und Zorros konnten auf ihre Weise Spaß haben, auch die Burgfräuleins, aber wer zum Opfer erkoren war, an welchem Spiel sollte der teilnehmen? Du bleib da, der Wolf wartet schon auf dich!

Niemandem kam in den Sinn, dass ich in Wirklichkeit der Wolf hätte sein wollen – leiser Schritt, gelbe Augen und die Freiheit, immer unter den Sternen zu schlafen.

Eine Rolle zu spielen, ist es nicht vielleicht das, wozu das Leben uns oft zwingt?

Einen Tag lang tragen wir eine Maske, dann vergessen wir sie abzulegen. Hinter einer Maske zu leben hat seine Vorteile. Doch dann beginnt die Angst an uns zu nagen, erst leise, dann immer unüberhörbarer. In der Angst macht sich der traurige Geschmack der Bitterkeit breit. Das Leben ist ein Schauspiel ohne Sinn!

Wie viel mittelmäßige Literatur gibt es dazu!

Haben wir, bevor wir die Sinnlosigkeit feiern, den Mut besessen, uns zu fragen, ob wir je auf die Suche nach dem Sinn gegangen sind?

Wie alle anderen

Die Beschämung des Rotkäppchens habe ich vielleicht noch glühender mit etwa sechzehn empfunden.

Zu der Zeit begann mir bewusst zu werden, dass ich die Konkurrenz mit den gleichaltrigen Mädchen unmöglich gewinnen konnte, wenn ich mich weiterhin wie ein Rotrock kleidete.

Mein Herz schlug damals heftig für einen Jungen, aber ich war mir nicht sicher, ob meine Gefühle erwidert wurden. Er erschien mir wunderschön, und ich fühlte mich absolut nicht auf der Höhe. Wie hätte ich unter diesen Bedingungen seine Blicke auf mich ziehen können?

So holte ich eines Tages einen Jeansrock aus dem Schrank, der dort schon lang vor sich hin staubte, und staffierte mich am nächsten Morgen mit kalter Berechnung mit den Accessoires der Normalität aus.

Die Kälte hielt an, bis ich aus der Haustür trat. Ich erinnere mich an das Geräusch der Rollläden vor den noch geschlossenen Geschäften, an denen ich entlangstrich in der Hoffnung, dass sie mich verschlucken möchten. In der Schule erhob ich mich nie von meinem Platz, und die Schamesröte stand mir fünf Stunden lang im Gesicht.

Ich schämte mich nicht für meine nackten Beine, sondern weil ich zugunsten der banalen Wirklichkeit der Verführung auf den tieferen Teil meiner Person verzichtet hatte. Um dich zu bekommen, zeige ich mich als etwas, das ich nicht bin, wie der Tiger auf dem Schemel. Der aber wird von der Peitsche dazu gezwungen.

Kaum war ich zu Hause, riss ich mir die Kleider förmlich vom Leib. Meine geliebten Jeans, mein geliebtes T-Shirt!

Den betreffenden Jungen habe ich trotzdem erobert. Viel später einmal, als wir Hand in Hand dahingingen, habe ich ihn gefragt: »Hast du mich damals im Rock gesehen?«

»Oh ja, das war schrecklich! Einen Tag lang hatte ich Angst, du wärst genauso wie alle anderen.«

Kinder der Komplexität

Männlich oder weiblich sein, worum geht es da? Was ist mit Weiblichkeit und Männlichkeit verknüpft?

Die erste Stufe der Unterscheidung ist natürlich anatomischer Natur, aber das ist nur eine Stufe, danach gilt es, eine ganze Skala zu durchlaufen.

Es gibt kleine Mädchen, die von Anfang an raffiniert sind, sich auf kokette Blicke verstehen, die sich der Macht ihrer Schönheit bewusst sind und sie einzusetzen wissen. Andere dagegen verstecken sich lieber, bringen ihren Körper zum Verschwinden und fühlen sich hässlich und nicht auf der Höhe.

Ebenso gibt es Jungs, die von Anfang an ganz klar männlich sind, sich glücklich auf alles Mechanische stürzen, dabei Wromm-Wromm-Geräusche machen und alle Bälle treten, die ihnen in den Weg kommen. Aber dann gibt es auch Jungs, die lieber mit Farben spielen, still sitzen und eine Zeichnung betrachten möchten.

Wer ist da wirklich männlich, wer weiblich?

Wir sind alle Kinder der Komplexität, und jeder von

uns hat – insofern er als Person von seiner Einzigartigkeit erhellt ist – eine unterschiedliche Art, seine Persönlichkeit zum Ausdruck zu bringen.

Es geht nicht darum, sich der Unterschiedslosigkeit in die Arme zu werfen, wie das heute so sehr in Mode ist, sondern vielmehr darum, einen Begriff wieder einzuführen, der aus dem zeitgenössischen Panorama weitgehend verschwunden ist.

Den Begriff des Wegs.

Das Leben eines Menschen ist – vor allem – ein kontinuierlicher Weg hin zur Bewusstheit. Das bedeutet Arbeit, und ein Gutteil davon besteht im Ausgleich der Gegensätze, die von Anfang an dissonant in uns aufeinandertreffen.

Und das geschieht nicht, indem wir äußerlich unseren Körper verändern, sondern vielmehr, indem wir unser inneres Wesen befragen.

Alles, was männlich ist, enthält auch das Prinzip des Weiblichen, und das Weibliche enthält das Männliche.

Die Zerrüttung in so vielen Gefühlsbeziehungen ist auch darauf zurückzuführen. Statt sich zu ergänzen und ein harmonisches Ganzes zu bilden, stellen sich die Gegensätze auf die gleiche Ebene und treten in Wettstreit.

Und in diesem Wettstreit gibt es keine Sieger, sondern nur einen Verlierer.

Die Liebe.

Grenzenlose Vielfalt

Ich kämpfte mit meinen Fragen wie Don Quichotte mit den Windmühlen. Kaum glaubte ich, eine erledigt zu haben, da kam gleich eine andere, drängendere, und überfiel mich hinterrücks.

Nachdem ich die Beschaffenheit der Erde erkannt hatte – die bedrohliche Instabilität ihres Feuerkerns, die keiner wahrnahm, die ich aber bei jedem Atemzug knistern hörte –, ging ich dazu über, alles erkennen zu wollen, was sich auf ihr bewegte.

Ich lebte in der Stadt, am bequemsten zu beobachten war für mich daher die menschliche Wirklichkeit, aber nicht, dass mir das sonderlich viel Trost gegeben hätte. Anstelle der Gesellschaft von Gleichaltrigen suchte ich, sobald es ging, die von alten Leuten, von Schwachen und Kranken. »Ist es möglich, dass du nie deinen Spaß hast?«, wurde ich wiederholt mit vorwurfsvollem Unterton gefragt.

Aber meinen Spaß fand ich an Orten, die vor fremden Blicken verborgen waren. Ich hatte meinen Spaß – auch wenn der Begriff nicht ganz zutreffend ist – während der Sommerferien auf dem Karst, bei den Großeltern, auf den Ausflügen ins Gebirge oder am Meer. Die Befreiung vom beklemmenden Albtraum der Schule war an sich schon ein Moment der Leichtigkeit, und zu diesem Moment gesellte sich die tiefe Freude daran, die Komplexität der Natur ringsum betrachten zu können.

In der Stadt kannte ich nur die schütteren Klebsamenbüsche im Stadtpark, das unentwegte düstere Gurren der Tauben, aber im Freien auf dem Land war alles anders. Da gab es Amseln mit ihrem sehnsüchtigen Gesang, Buchfinken, Meisen, Spechte, Eichelhäher, Elstern und Schwalben.

All diese Namen musste ich mir natürlich selbst beibringen, denn wenn ich die Erwachsenen fragte »Was ist das?« oder »Was ist jenes?«, antworteten sie mir ausweichend: »Ein Vogel.« Einzig bei Schwalben und Amseln wurde mir freundlicherweise ein Name genannt.

Da gab es also in der Welt ringsum eine enorme Vielfalt, und diese Vielfalt stellte mich erneut vor Fragen.

Warum so viele verschiedene Formen?

Und wie war es möglich, dass jede dieser Formen ihren Namen hatte?

Wer hatte ihn ihr gegeben?

Welche Beziehung bestand zwischen Form und Namen?

Wäre der Specht ein Specht, auch wenn er nicht Specht hieße? Und ich, wäre ich Susanna, auch wenn ich Carla hieße?

Bedürfnis nach Ordnung

Sosehr die Gegenwart von Menschen in mir Gefühle auslöste, die in verschiedenen Abstufungen von Angst bis zum blanken Schrecken reichten, so sehr vermittelte mir die Beziehung zu allem, was lebendig, aber nicht mit Sprache begabt war, eine Empfindung von Frieden und tiefem Einverständnis.

Auf einer Wiese zu sitzen machte mich glücklich, so, wie ich glücklich war, wenn ich am Strand Muscheln sammelte.

Wie hüpfte mir das Herz, als ich zum ersten Mal ein Seepferdchen sah, das harmonisch zwischen den Algen dahinschwebte! Und die weißen Sterne, die am Meeresgrund im Sand auftauchten und wieder verschwanden?

Und die Schnecken? Welch wunderbare Vollkommenheit in der Anlage ihrer Häuser! Welches Geheimnis deren Aufbau! Ich wusste: Bevor ich sie sammelte, waren sie von jemandem bewohnt gewesen, aber dieser Jemand war nicht mehr da. Wohin war er gegangen? War er in ein anderes Haus gezogen? Und war er es gewesen, der Bewohner, der diese großartigen spiralförmigen Bauten geschaffen hatte, oder hatte er sie nur irgendwo auf dem Grund des Meeres gemietet, so, wie ich im Stadtpark ein Fahrrad mieten konnte?

Mein tiefes Bedürfnis nach Ordnung war zumindest vorübergehend gestillt, wenn ich allen Dingen, die mir unter die Augen kamen, ihren exakten Namen gab. Kategorien zu bestimmen und Verbindungen herzustellen, jedem Lebewesen den ihm gehörigen Platz zuzuweisen hatte auf mich die Wirkung eines sanften Beruhigungsmittels, es verlieh meinen Tagen also ein Minimum an Stabilität.

Diese Stabilität war jedoch anfällig, denn all das Beobachten wurde nicht mit der kalten Bestimmungswut des Zwanghaften vorgenommen, sondern ging einher mit dem unerschöpflichen Staunen dessen, der auf der Suche nach einem Sinn ist.

Hatte ich also die Namen gefunden und die Funktionen erkannt, tauchte in der Stille der schlaflosen Nächte eine einzige Frage in meinem Geist auf: Wer hat all das gemacht?

Und nach der Frage »Wer?« kam in ihrem Gefolge ganz natürlich ihre demütige Schwester »Warum?«. Wer hat die Welt erschaffen und warum?

Damals gab es kein Internet, und das bisschen Kinderfernsehen behandelte solche Fragen nicht. Hätte ich die Lehrerin danach gefragt – die Hüterin alles Wissens –, hätte sie mir sicher auf die erste Frage geantwortet: »Gott.«

Ihr die zweite zu stellen hätte ich nie den Mut gefunden.

Die Zahl der Zahlen

»Wer ist Gott?«, fragte ich mich. Bevor ich mit den dürren Begriffen des Katechismusunterrichts in Berührung kam – das heißt die Bekanntschaft jenes Herrn mit dem weißen Rauschebart machte, der irgendwo im Himmel thronte –, hatte ich gedacht, Gott könne eine Zahl sein.

Damals musste man stur das Einmaleins pauken, und in den Stunden, die man damit zubrachte, eine Zahl mit einer anderen zu multiplizieren, kam mir plötzlich die Idee, es könne da eine so große Zahl geben, dass alle anderen in ihr enthalten waren und aus ihr hervorgingen.

In der Tat, wenn alles zählbar war, die Bänke in einer Klasse, die Schaukeln im Park, die Blütenblätter einer Margerite, warum sollte es dann nicht eine Superzahl geben, aus der im Anfang alles entstanden war?

Diese Zahl zu entdecken würde bedeuten, den Ursprung von allem zu entdecken und alle Fragen in der Anschauung des Wunders zu lösen.

So begann ich, die ich nie vor großen Unternehmungen zurückschreckte, in der Stille meines Zimmers zu zählen. Um die Zeit abzukürzen, fing ich bei einer eher hohen Zahl – 1000 – an und zählte von dort aus weiter, die Zahlen wie ein endloses Mantra aufsagend.

Die Zehner wiederholten sich eintönig, einer nach dem anderen, und bei dieser Art von Kreisbewegung keimte nach und nach ein Zweifel in mir auf.

Sicher, die Zahlen wurden immer größer, aber in dieser Größe lag nichts Unbekanntes. Da war viel Regelmäßigkeit im Fortschreiten, und angesichts dieser Regelmäßigkeit sah ich die Hoffnung auf das Eintreten des Unbekannten immer mehr schwinden. Ich stieg ganz einfach eine Treppe hinauf, deren Stufen ich im Grunde bereits alle kannte. Wenn ich unverzagt weitermachte, würde ich vielleicht früher oder später zur größten Zahl gelangen, aber wie würde ich von diesem unglaublichen Ereignis erfahren? Nach der Sieben kam immer noch die Acht und nach der Acht die Neun.

Die einzige Hoffnung war, dass, sobald die Zahl der Zahlen ausgesprochen war, alles zu wackeln und blinken anfangen würde wie bei den Spielautomaten, wodurch auch mein Geist erleuchtet würde, und von dem Zeitpunkt an würde die Wirklichkeit kein Geheimnis mehr für mich bergen.

War nicht vielleicht das seit jeher das höchste Streben meines Lebens?

Vom Lebendigen zum Nichtlebendigen

Verstehen, wissen, erkennen.

Aber was verstehen, wissen, erkennen?

Die Welt der Materie, gewiss.

Aber war die Welt der Materie imstande, mir all die Antworten zu geben, die mein Herz verlangte?

Die Namen der Blumen zu kennen, die Schönheit ihrer Blüten zu betrachten konnte den Prozess ihres Verwelkens auch nicht einen Augenblick lang aufhalten.

Und was war mit all den toten Vögeln, die meine Mutter und ihre Freunde sonntags, wenn sie von der Jagd zurückkamen, auf dem Küchentisch ablegten? Ich war noch ganz klein, stieg auf einen Stuhl und nahm sie vorsichtig in die Hand. Ihre Federn waren ganz weich, aber das Köpfchen hing leblos herab. Wie kalt sie waren, und was für eine besondere Kälte das war! Und ihre Augen? Vergeblich die zaghaften Versuche meiner kleinen Finger, sie wieder zu öffnen. Diese glänzenden, schwarzen, lebhaften Stecknadelköpfe, die ich gewohnt war, im Kopf der lebendigen Vögel zu sehen, waren für immer erloschen. Sinnlos die leisen Worte, die ich ihnen zuflüsterte, sinnlos, dass ich sanft über ihre auf der Resopalfläche liegenden Körper blies.

Alles Lebendige verwandelte sich an einem bestimmten Punkt in etwas Nichtlebendiges. Tiere, Blumen wurden irgendwann leblos. Man erkannte sie noch wieder, aber es waren nicht mehr sie.

Gab es da einen Teil von ihnen, der davongegangen war, oder waren sie ganz in dieser Substanz enthalten, die immer steifer, immer kälter wurde?

Und geschah, was den Sperlingen und Drosseln zustieß, auch den Menschen? Würden auch meine Eltern sich eines Tages am Boden ausstrecken und kalt werden?

Diese Vorstellung, die blitzartig in meinem Geist auftauchte, war geradezu verstörend.

Wie sollte ich diesen Schmerz überleben?

Ich konnte das nicht akzeptieren.

Um diese verheerende Angst einzudämmen, erfand ich Rituale. Wie viele Paar Socken waren in dieser Schublade, und welche Farbe hatten sie? Wie viele Eier waren im Kühlschrank? Mehrmals in der Nacht stand ich auf und überprüfte das. Ein Irrtum hätte das Ende bedeutet. Es war das, was die grausame, verschleierte Gottheit verlangte, die die Fäden unseres Geschicks in Händen hielt.

Geist und Herz

Das war der Augenblick, da ich entdeckte, dass die Fragen, die mir seit jeher im Kopf herumgingen, nicht im Geist ihren Ursprung hatten, sondern vielmehr im Ungenügen meines Herzens. Es war das Herz, das fragte, und der Geist bemühte sich, Antworten zu finden, bald kühn, bald konfus.

Dem Herzen entsprang das Entsetzen, das Herz ließ die Tränen fließen, und keine der Hervorbringungen meines Geistes vermochte diesen Zustand beständigen Leidens zu besänftigen.

Wenn der Tod ein jedes Ding verschlang, dann war das Leben nicht viel anders als das der armen Fliegen, die sich im Spinnennetz verfingen. Sie summten ein Weilchen; erst ungläubig, dann wütend, versuchten sie sich mit aller Kraft zu befreien, aber das verschlimmerte die Situation nur.

Die Spinne saß in einer Ecke und wartete.

Dann plötzlich stürzte sie sich blitzartig auf die Beute und begann sie mit ihren Seidenfäden einzuspinnen, die bald darauf deren Sarg werden sollten.

Über jedem von uns hing also bedrohlich und im Verborgenen ein Netz. Vom Zeitpunkt unserer Geburt an wartete diese Falle geduldig irgendwo auf uns. Den einen traf es früher, den anderen später, der eine wehrte sich mehr, der andere weniger, doch das Ende war für alle dasselbe.

Welchen Sinn konnte man dem Leben also geben?

Folgsam der vor Zeiten festgelegten menschlichen Ordnung gehorchen? Würde das ausreichen? Vielleicht war das Wichtigste, niemals innezuhalten, nachts nicht zu wachen, nicht in Schweigen zu versinken, nicht den Sternenhimmel zu betrachten, nicht in den Abgrund zu blicken, niemals. Immer schön geradeaus gehen, mit Scheuklappen wie die Zugpferde.

Den Blick nicht erheben und nicht senken.

Es war eben mit gesenktem Blick, dass ich eines Tages in einem Gebüsch ein totes Rotkehlchen fand. Ich hob es auf und entdeckte, dass von seinem Körper nichts mehr übrig war: Schwarz-rote Käfer hatten munter ihr Werk verrichtet und sein Fleisch aufgezehrt, so blieben nur die winzigen Rippen übrig. Und diese Rippen wurden für mich zu den Säulen einer Kathedrale.

Einer verlassenen Kathedrale, in der niemand sang, niemand die Orgel spielte, nur meine Schritte hallten in ihrem Gewölbe wider.

Wir sind nicht nur Staub!

Meine erste Berührung mit dem Tod ist mit einer Stimme verbunden, die mir ins Ohr flüsterte: »Großvater Bepi ist tot.« Ich ging noch nicht zur Schule, und diese Worte waren rätselhaft für mich.

Ich konnte nur feststellen, dass beim Essen der Platz des Großvaters – der eigentlich der Urgroßvater war – leer blieb. Ich erinnere mich daran, wie er mir sonst immer am Tisch gegenübersaß, an sein Gesicht, die dichten weißen Haare, die markanten Züge des Dalmatiners, seine Sandalen mit Lochmuster, die graue Hose mit Bügelfalte, der Gürtel unter einem weiten, hellen Hemd.

Die zweite Berührung kam viele Jahre später.

Wir gingen gewöhnlich einmal in der Woche zur Großmutter väterlicherseits zum Mittagessen, dann auf einmal gingen wir nicht mehr. Die Großmutter war herzkrank, und ich erinnere mich an sie als blasse Person, von vielen Kissen gestützt. Ich war schon acht Jahre alt, aber ich hatte noch nicht den Mut, direkte Fragen zu stellen.

Erst zwei Jahre später, während eines der sporadischen Besuche meines Vaters, und nach zahlreichen Proben in meinem Zimmer, fand ich den Mut, ihn zu fragen: »Ist Großmutter tot?«

Ach, wie wissend war sein Lächeln, als er mir antwortete.

»Welche Bedeutung hat das, ob tot oder lebendig? Wir sind nichts als Staub, der zuerst Gestalt annimmt und sich dann auflöst. Es ist weise, zwischen den beiden Zuständen nicht zu unterscheiden, und noch viel weiser ist es, sich an nichts zu binden.«

Es waren die letzten Schultage, ich trug schon Sandalen, ein Grund zur Freude, und vor uns hing die Reklametafel mit den Eissorten der Saison. Ich erinnere mich, dass ich mich an diese Tafel klammerte wie an ein Rettungsfloß.

Mein ganzes Wesen begehrte auf bei den Worten meines Vaters.

Es gab sehr viel Dinge, für die es sich lohnte, mit Leidenschaft zu leben, vor allem das Eis im Hörnchen, das darauf wartete gegessen zu werden, dann die Badesaison mit Kopfsprüngen und Schwimmen; die Ferien bei den Großeltern mit den Radtouren und alle Hunde, Katzen und Tiere, die ich in Zukunft sicher besitzen würde.

Obwohl ich ständig an die zerstörerische Macht des Todes dachte, wollte ich doch nicht Staub sein, und Staub schien mir nicht die wirkliche Welt, die mich umgab.

Die Schönheit der Blumen war kein Staub.

Das strahlende Licht der Morgenröte war kein Staub.

Kein Staub waren die Gefühle, die seit jeher in meinem Herzen miteinander kämpften.

Die Tränen meines Vaters

Mein Vater ist plötzlich und auf dramatische Weise verstorben, und das hat den Sensationshunger der Massenmedien aufs Äußerste geschürt.

Obwohl er meinte, »nur Staub zu sein, der seinen Zustand ändert«, haben wir insgeheim und unter Polizeischutz sein Begräbnis in der Kirche gefeiert. Viele seiner Bekannten wunderten sich über diese meine »Arroganz«, aber mein Vater hatte die Sakramente der Taufe und der Firmung empfangen, und da er nichts Gegenteiliges verfügt hatte, gab es für mich keinen Zweifel, dass ich ihm ein christliches Begräbnis zuteilwerden lassen würde.

Während der Messfeier, als die Solistin des Chors mit ihrer herrlichen Stimme in der halb leeren Kirche sang, verspürte ich sein geistiges Staunen.

»All das ist für mich?«, schien er mit kindlicher Verwunderung zu fragen. »Wirklich für mich? Bin ich also so wichtig?«

Da musste ich daran denken, was er bei einem unserer letzten Treffen gesagt hatte. Wir saßen in einer lauten römischen Trattoria beim Essen, als er mir plötzlich bekannte: »Ich denke oft an Jesus, weißt du. Und wenn ich an ihn denke und an seine Einsamkeit, da wird mir zum Weinen zumute.«

Im selben Moment begannen sich seine Augen mit der Feuchtigkeit zu überziehen, die den Tränen vorausgeht, und ich war verblüfft. Ich war an seinen Zynismus gewöhnt, an seine totale Gefühllosigkeit, seine Gleichgültigkeit.

Angesichts dieser Tränen wusste ich nicht, was tun.

Es war das Weinen eines Kindes, das Weinen eines Unschuldigen. Das Weinen von jemandem, der plötzlich von einer Vision überrascht wurde. Den Staub gab es, sicher, aber seine Hauptaufgabe war es, sich auf den Möbeln anzusammeln!

Die Beerdigung fand an einem prachtvollen Septembertag statt. Wir begleiteten den Sarg schweigend durch eine Allee aus jahrhundertealten Eichen zum Friedhof.

Wieder zu Hause, gab es als Leichenschmaus ein regelrechtes Bankett, das die Leute aus dem Ort zubereitet hatten, Lasagne, Wildschwein, Steinpilze, Obstkuchen und reichlich Wein, und so aßen und tranken wir zu seinen Ehren.

Wenn wir das Menschliche in seiner Tiefe erkennen, vermischen sich Leben und Tod und zeugen sich ständig neu in einem Tanz, der nur Bewunderung hervorrufen kann.

II

DER UNWÄGBARE TEIL

Eine Stimme

Von Anfang an hat es in mir eine Stimme gegeben.

Eine Stimme, die mich pausenlos befragte und die, um nach außen zu dringen, Worte brauchte.

»Du hast außerordentlich früh angefangen zu sprechen«, sagte meine Mutter oft, »schade, dass du fast sofort wieder damit aufgehört hast.«

Das große, endlose Klausurschweigen meiner Kindheit! Schweigen, das den Mund betraf, nicht aber das Herz. In den geheimsten Tiefen meiner Person gab es einen ununterbrochenen Dialog, ein überwältigendes Rumoren. Von Natur aus besaß – und besitze – ich eine außergewöhnliche Beobachtungsgabe und ein ebenso fabelhaftes Gedächtnis.

Ich sah alles, was nicht passte.

Passte wozu?

Zu diesem Wissensdurst, der sich seit jeher in meinem Herzen regte.

Die höchste Zahl zu suchen, die Zahl, die die anderen Zahlen hervorbringt, war ein Versuch, dem Wesen ein Gesicht zu geben, das, wie ich ahnte, das ganze Universum zusammenhielt. Niemand um mich herum sprach von solchen Dingen, so lief ich herum und tastete mich voran, und es war unvermeidlich, dass ich auf dieser Suche früher oder später auf das Drama der Unvollkommenheit stoßen würde.

Die Zahlen waren absolut vollkommen, aber die Menschen?

Je älter ich wurde, desto mehr schien mir, dass sie sich sehr von den Zahlen und auch von den Blumen unterschieden. Von den Blumen bis zu den Mineralien, überall in der sichtbaren Natur war eine bewundernswerte und geheimnisvolle Präzision zu erkennen. Von der präzisen Anordnung der Blütenblätter einer Margerite bis hin zu der rigorosen Kristallstruktur eines Quarzes – dergleichen konnte ich in allem, was meine Mitmenschen anging, nicht finden.

Unter den Menschen gab es eine unabsehbare Vielfalt, und diese Vielfalt tendierte zum Negativen.

Verachtung, Bosheit, Überheblichkeit, woher kamen sie? Der bösartigen Banalität des menschlichen Alltags gegenüber war ich vollkommen wehrlos. Der große Strudel des Todes war also nicht das Einzige, was unsere Existenz bedrohte. Da gab es kleinere, unauffälligere, weniger endgültige Dinge, die jedoch ebensolche zerstörerischen Kräfte in sich bargen.

Die Trümmer der Liebe

Eine in Liebe verlebte Kindheit ist, glaube ich, so etwas wie der Taucheranzug für den Taucher oder der Raumanzug für den Astronauten.

Sie schafft eine Pufferzone zwischen unserem Körper und der äußeren Wirklichkeit, die jeden Schlag, den diese gegen uns führen mag, zu dämpfen oder gar abzuwehren imstande ist.

Fehlt dieser Anzug, ändern sich die Dinge drastisch, die kleinste Luftschwingung vermag verheerende Wunden zu verursachen.

Meine Eltern hatten jung geheiratet, wie das damals üblich war, und sie waren sehr verliebt. Schon als junges Mädchen träumte meine Mutter von nichts anderem als einer Familie. Während ihre Schulkameradinnen Architektin oder Ärztin werden wollten, sagte sie: »Ich will Mutter sein, und basta.«

Auf den Hochzeitsfotos strahlt ihr Gesicht vor Hoffnung und Glück. Sie wollte viele Kinder haben. Nach ihrem Tod habe ich eine Schublade voll mit Strickanleitungen aus einer Handarbeitszeitschrift der Fünfzigerjahre gefunden: all die Strampelhosen und Deckchen, die sie für ihre Kinder stricken wollte!

Doch dann, sehr bald schon, ist etwas schiefgelaufen. Der Mann ihrer Träume hatte ganz andere Träume als meine Mutter, Träume, die sich unter einem einzigen, sehr alten Emblem zusammenfassen lassen, dem der Ausschweifung.

So fand meine Mutter sich allein mit den Kindern wieder und musste sich ein Leben erfinden, das sie nicht vorhergesehen hatte. Dieses neue Leben hat mit einem Strich die Träume des alten Lebens ausgelöscht.

Wenn ich mich an meine Kindheit und die meiner Geschwister erinnere, muss ich an einen Schiffbruch denken. Die Ehe meiner Eltern war nach einem kurzen aber heftigen Sturm untergegangen, und uns war es gelungen, schwimmend ein unweit gelegenes Atoll zu erreichen, wo wir Zuflucht fanden.

Von dieser Küste aus sahen wir eines Morgens unsere Eltern, wie sie sich auf notdürftig zurechtgezimmerten Booten davonmachten. Finster und vornübergebeugt, ruderten sie wie besessen in entgegengesetzte Richtungen.

Auf ihren Schultern lasteten große Trümmer. Die Trümmer ihrer Liebe, die Trümmer der Bombardierungen und Deportationen, die sie noch als Kinder überlebt hatten.

Als der Horizont ihre Gestalten verschluckt hatte, blieben wir allein auf der Insel zurück. Eine Weile lang fuchtelten wir noch mit den Armen, wir machten Feuer, um auf uns aufmerksam zu machen. Doch da nichts geschah, gaben wir auf, besannen uns und begannen uns umzuschauen, um herauszufinden, wie wir uns ernähren konnten. Eine Hütte bauen, Wurzeln sammeln, fischen lernen, eine Quelle finden. Hier waren wir nun einmal, das Leben selbst zwang uns vorwärtszugehen.

Eine auf Sand gebaute Welt

Welche Wirkung können die salbungsvollen, bewegten Reden über einen liebevollen Vater im Himmel auf jemanden haben, der wie ich einen solchen auf Erden nicht gekannt hat?

Ist das nicht vielleicht einer der Gründe, warum Glaube und Modernität nicht zusammenfinden?

Es hat ein Jahrhundert gegeben, das zwanzigste, das nur Tod und Verheerung verbreitet hat, und was wir heute erleben, ist nur die logische Folge dessen, was in den vorangegangenen hundert Jahren angelegt wurde. Angelegt freilich auf sehr spezielle Weise, denn statt aufzubauen hat dieses Jahrhundert nur zerstört. Zerstört, was da war, vor allem aber die Grundlage dessen zerstört, was noch da sein könnte.

Aus diesem Grund kennt die gegenwärtige Epoche nur eine Art von Gebäuden, nämlich die, die auf Sand gebaut sind. Und sie kennt Regenmengen, die imstande sind, jedes Dorf unter Schlammlawinen zu begraben.

Die schwindelerregende Zunahme von Brudermorden, Kindermorden, grausamen Morden oder Selbstmorden in mehr oder weniger festen Paarbeziehungen - eher weniger als mehr - ist auf ebendiesen Sand zurückzuführen.

Sand absorbiert Wasser, quillt auf und gibt nach. Wenn er trocken ist, rieselt er erstaunlich leicht durch die Finger, darauf zu gehen ist mühsam. Also sollte man besser stillhalten, sich besser so wenig wie möglich bewegen und die Luft anhalten, in der Hoffnung, dass die scheinbare Festigkeit anhält.

Meine Geschwister und ich sind im Zeichen der Moderne groß geworden. Daher hatte und habe ich die Gabe vorherzusehen, was noch nicht ist, aber eintreten wird.

Während andere Väter abends nach Hause kamen, um am Ritual des gemeinsamen Abendessens in der Familie teilzunehmen, lief mein Vater in ausgefransten Bermudashorts und mit Flipflops an den Füßen irgendwo in der Welt umher und rezitierte dabei laut vedische Hymnen.

Du musst hinauf!

Einige sehen sich auf ihrem Weg ans Ziel am Fuß einer Felswand mit dem Schwierigkeitsgrad sechs, mit bloßen Händen, ohne Haken und Seil, während andere einen Pfad einschlagen, der an jeder Gabelung ausgeschildert ist.

Jeder dieser Wege hat seine Vorzüge und seine Nachteile.

Der Vorzug der extremen Herausforderung trägt das Risiko des Absturzes in sich. Der Vorzug des ausgeschilderten Weges liegt in der Sicherheit, aber wenn Wind oder Regen ein Schild umwerfen, droht man in die Irre zu gehen. Wohin sollen wir uns wenden? Nach rechts oder nach links? Hinauf? Hinunter? Ohne Hinweise überfallen uns Zweifel und mit den Zweifeln die Angst, einen falschen Weg einzuschlagen.

Im Gebirge passiert das oft. Wenn die Markierung fehlt, läuft man Gefahr, einem nur von Gämsen ausgetretenen Pfad zu folgen, und bald steht man vor dem Abgrund. Wo die Gämse springt, können wir nur zerschellen.

Überflüssig zu sagen, dass ich mich vor der Sechserwand sah, wenig Neigung zum Klettern hatte und obendrein an Schwindel litt. Ich stand da, betrachtete die Wand und wusste, dass es keinen Ausweg gab.

Diese Felsen, diese Steine, die sich bis zum Himmel türmten, waren für mich da, sie warteten schon auf mich, noch bevor ich auf die Welt kam.

Die Stimme, die seit jeher in mir sprach, wiederholte immer wieder: »Du musst da hinauf! Du musst auf den Gipfel, um zu sehen, was dahinter ist. Durch diese Wand, die von vielen erklommen wurde, musst du deinen Weg finden. Keiner garantiert dir, dass du das Ziel erreichst, kein Seil wird dich auffangen, wenn du den Halt verlierst. Unwirtlichkeit, Kälte, Einsamkeit und der Abgrund werden deine Reisegefährten sein.«

Hätte ich mich weigern können?

Umkehren?

Aber umkehren wohin?

Umkehren kann man nur an einen tröstlichen Ort. Wenn dieser Ort nicht existiert, ist es sinnlos kehrtzumachen, hinter einem ist nur ein ebenso schreckliches Grauen wie die Wand, die vor einem liegt.

Hatte ich Angst? Sicher! Ich bin stets sehr ängstlich gewesen.

Doch abgesehen von der Ängstlichkeit trug ich auch einen Tiger in mir, und dieser Tiger, allzu lang hinter Gitterstäben eingesperrt, wünschte sich nichts sehnlicher, als Akrobat zu werden.

Nacktheit

Zu einem gewissen Zeitpunkt in meinem Leben habe ich begonnen, meinen Eltern gegenüber ein Gefühl der Dankbarkeit zu empfinden, weil sie mich nicht nur auf die Welt gesetzt, sondern mir auch die Gabe der Nacktheit verliehen hatten.

Der Weg der Entblößung – den viele Leute zu beschreiten suchen, indem sie sich der Askese in irgendwelchen tibetischen Klöstern unterziehen oder sich den strengen Regeln eines Karmels oder Ashrams unterwerfen – ist mir in den ersten Jahren meines Lebens sozusagen auf dem Silbertablett serviert worden.

Du bist nichts!

Das war der immer wiederkehrende Refrain meiner Kindheit. Natürlich hat mir das ein nur schwer erträgliches Ausmaß an Leiden beschert. In manchen Momenten des Lebens glaubte ich wirklich, verrückt zu werden vor Schmerz. Im Lauf der Zeit habe ich jedoch begriffen, dass diese verheerende Ödnis weder steril noch Selbstzweck war, sondern eine unvermutete Form der Fruchtbarkeit in sich barg.

Ist das nicht bei jedem wirklich tiefen Schmerz so?

Wenn man sich versinken fühlt, denkt man, dieser Strudel sei ohne Ende, doch dann, wenn die Schlammlawine uns den letzten Atem zu rauben droht, bemerken wir plötzlich einen Lichtschimmer. Einen Lichtschimmer, der, wenn auch noch schwach, uns mit einem Mal außerordentliche Kräfte verleiht. Neue Energie erfüllt unseren Körper.

Wie Motten, angezogen vom Licht, begehren wir plötzlich nur noch eine einzige Sache: aufzusteigen, zu diesem Licht zu gelangen.

Die Dunkelheit trägt in sich den Keim des Lichts, doch sie gibt es nur preis, wenn wir ihm entgegengehen, statt zu fliehen oder Zuflucht zu suchen. Wenn wir das Dunkel in Halbdunkel verwandeln, können wir darin nie etwas leuchten sehen. Wir tasten uns voran, ab und zu straucheln wir, dankbar dafür, uns in dem zurechtzufinden, was wir für die Umrisse der Dinge halten.

Nacktheit bedeutet also, über dem Abgrund zu hängen und zu wissen, dass dies wirklich der Abgrund ist, ohne jede Beschönigung oder Verniedlichung. Das Tosen des Abgrunds in all unseren Tagen hören und ahnen, dass diese Erfahrung die Gabe der Entschleierung in sich bergen kann.

Ich bin meinen Eltern dankbar, denn die Nacktheit hat mich vor manipulativen Beziehungen bewahrt.

Wie viele Leben habe ich gesehen, die buchstäblich zugrunde gerichtet waren von Gefühlsbeziehungen, die nur das Trugbild der Liebe enthielten! Wie viele

Leben, die im Dämmer, in der Implosion hingebracht wurden, wie viele Leben, die sich in eine permanente Psychoanalysesitzung verwandelten in dem unermüdlichen Versuch, sich aus einem Spinnennetz kranker Beziehungen zu befreien!

Die Wurzeln meines Friedens

Hat diese Nacktheit die Dinge nicht auch in meinem öffentlichen Leben so kompliziert gemacht?

Manipulation in Beziehungen nicht gekannt zu haben bedeutete, fernab von allen Verführungskünsten groß zu werden.

Da ich die Nacktheit hatte, habe ich sogleich die Wahrheit gesucht. Ich habe nie etwas getan, um zu gefallen, für den Ruhm, für die Macht oder um im Tausch etwas zu bekommen. Alles, was ich getan habe, wies immer nur in eine Richtung: zu den Fundamenten. Wäre das nicht so gewesen, hätten der große Erfolg und die Popularität mein Leben durcheinandergebracht und aus mir die jämmerliche Karikatur eines Medienstars gemacht. Die Unempfänglichkeit für die Kräfte der Mondänität entfesselt jedoch tief sitzende Ressentiments.

Gibt es denn heutzutage etwas Unverzeihlicheres, als den Rummel des Erfolgs zurückzuweisen?

Zum Glück liegen die Wurzeln meines Friedens anderswo.

Unsere Eltern haben uns nie vermittelt, wir würden, wenn wir dies oder jenes täten, ihre Liebe gewinnen. Und auch später, als wir groß waren, haben Schuldgefühle nie eine Rolle in unserer Beziehung gespielt.

Weil du dies gesagt, weil du jenes getan hast, werde ich usw. usw. Das schädliche Gift der Vorwürfe und Schuldgefühle, die ständige Zuweisung von Verantwortung gab es bei uns nicht. *Wenn du nicht … wenn ich nicht …*

Aber Wenns sind keine Bausteine!

Konstruktives Bauen geschieht, wenn man den Mut hat zu erkennen, dass jede Sache und jedes Haus solide Fundamente braucht. Sich ständig zu beklagen, in der Vergangenheit zu wühlen heißt, das eigene Leben in ein Zeltleben zu verwandeln, das sich nach Belieben auf- und abbauen lässt, doch ein Windstoß genügt, um es davonzuwehen.

Es stimmt, meine Kindheit war nicht glücklich, die enorme Liebeserwartung, die ich wie alle Kinder hatte, ist enttäuscht worden.

Man kann nicht zurückkehren, man kann keine Schuld zuweisen.

Perfekte Eltern wie perfekte Kinder sind ein Albtraum, den die Diktatur der Psychologie hervorgebracht hat. Jeder von uns wird das, was er werden muss, eben in Abhängigkeit von den Schwächen und Fehlern der jeweiligen Eltern.

Im Erwachsenwerden müssen wir erkennen, was uns an ihnen nicht gefällt, und dann hart daran arbeiten, es ins Gegenteil zu verkehren.

Das allein vermag unserem Leben eine tiefe Freiheit

zu schenken. Jene Freiheit, die imstande ist, Mitleid und Vergebung zu zeugen.

Licht, das herabsteigt, um die Welt zu erneuern.

Warum erschaffen, um dann zu zerstören?

Dass die Welt leer sein könnte, dass sie eine bloße Anhäufung von Materie sein könnte, zum Zeitvertreib vom Zufall hierhingeworfen, diese Vorstellung hat weder mein Herz noch meinen Geist je gestreift.

In meiner kleinen Welt als Naturforscherin zeigte sich mir, je mehr Kenntnisse ich in Botanik, Zoologie und Mineralogie erwarb, mit immer größerer Klarheit die peinlich genaue Ordnung, die allem Lebendigen zugrunde liegt. Chemie und Mathematik erschienen mir seit jeher von unglaublicher Schönheit: Nur jemand wirklich Außerordentliches konnte diese Reihe von vollkommenen Gesetzen, die das ganze Universum zu tragen vermochten, ersonnen haben.

Diesem Jemand wusste ich kein präzises Gesicht zu geben.

Hatte er, der das Leben erschaffen hatte, auch den Tod erschaffen?

Und aus welchem Grund?

Wenn der Tod nur das Ausknipsen eines Schalters wäre, eine unspektakuläre, beiläufige Handlung, wie das heute von den Verfechtern der Euthanasie vertreten wird, hätte ich mich vielleicht irgendwie an die Vorstellung gewöhnen können.

Doch leider hatte ich eines Tages im Hof unseres Hauses den Körper eines Kätzchens gefunden. Ich weiß nicht, wer es dort abgelegt hatte, es hatte bereits ein schönes weiches Fell, und die Augen öffneten sich zur Welt. Das Bäuchlein bewegte sich und sagte mir, dass es am Leben war, aber sein Maul und sein Näschen waren schon von weißlichen Larven zerfressen. Fieberhaft, verzweifelt, mit den Fingern, mit Blättern oder kleinen Zweigen versuchte ich, diese Würmer zu beseitigen, doch je mehr ich wegnahm, desto mehr bildeten sich. Sie schienen wie die Schlangenhaare der Medusa, wenn man die abschneidet, wachsen sie immer kräftiger nach.

Stundenlang habe ich um diesen wehrlosen kleinen Körper gekämpft, mit zitternden Händen und von Tränen verschleiertem Blick. Am Abend habe ich den Körper noch lebendig zurückgelassen, nachts habe ich zu Jemandem darum gebetet, wer auch immer das sein mochte dort oben, dass er das Tier retten möge, ich würde mich mein Lebtag lang um es kümmern, ich würde es lieben wie niemand sonst.

Am nächsten Tag auf dem Heimweg von der Schule eilte ich in den Hof und fand es noch auf dem Laub, auf das ich es gebettet hatte, aber es war reglos, kalt, Augen und Nase mittlerweile völlig von den Larven zerfressen.

Welche Schuld konnte dieses kleine getigerte Kätzchen haben, um einen so grausamen Tod zu verdienen? Warum hatten meine Pflege und meine Gebete es nicht zu retten vermocht?

Wie viele Kräfte gab es im Universum?

Eine erschuf das Leben, sicher, aber gab es da nicht auch eine andere, die, unempfänglich für alles Bitten, nur imstande war zu zerstören?

Oder waren das vielmehr die zwei Gesichter derselben Kraft?

Die Gabe des Staunens

Was bewirkt grundloser Schmerz außer Auflehnung?

Dass die Bösen in dieser Welt ihre Strafe bekommen und womöglich auch danach, mag gut sein. Ja, für die meisten ist diese Vorstellung eine Erleichterung, aber die Reinen, diejenigen, die keine Schuld haben? Ein Kätzchen? Ein Kind? Wie kann man den Widersinn hinnehmen, dass sie bestraft werden?

Vielen genügt das, um sich für immer von der Vorstellung, auf Erden herrsche etwas anderes als die Anarchie des Zufalls, abzukehren, für manche hingegen ist der Schmerz eine Herausforderung vorwärtszugehen.

Alles, was geschieht, richtet eine Frage an uns, und diese Frage zu beantworten ist unsere einzige Möglichkeit, dem Nichts Boden zu entziehen. Das Böse verschlingt uns nicht, der Schmerz verwüstet, aber vernichtet uns nicht.

Da mir das Leben geschenkt wurde, also die Erkenntnis, macht es mir keine Probleme, mit anderen zu diskutieren. Auch wenn ich nicht weiß, was sie ist, auch wenn ich nicht weiß, wie ich sie finden soll, will ich mich auf die Wahrheit zubewegen, die alles umfasst und trägt.

Nicht die Welt der Menschen ist es, die von dieser Wahrheit zu uns spricht, sondern vielmehr die Welt, in der der Mensch nicht zugegen ist – das Murmeln eines Tannenwalds unter dem Hauch des Windes, der schimmernde Blick eines eben auf die Welt gekommenen Kälbchens, die herrliche Zerbrechlichkeit eines Schmetterlings, der Flug eines Turmfalken hoch oben in den Wolken am Himmel.

Die Stimme meines Herzens hätte nicht mit solcher Tiefe zu mir sprechen können, wenn mir nicht die Gabe des Staunens verliehen wäre.

Staunen über die Schönheit, Staunen über die Harmonie der Schöpfung in all ihren Erscheinungen, die ich überall rings um mich sah – und sehe. Gewiss war es dieser Sinn für das Gute und Schöne, was mich in den dunkelsten Momenten meines Lebens gerettet hat.

Und was ist das Staunen, wenn nicht das Gefühl einer jähen, unglaublichen Verwunderung? Das, wovon wir glaubten, dass es *nicht* sei, zeigt uns plötzlich, dass es *ist*, in den tiefsten Schichten unserer Persönlichkeit bemerken wir etwas wie einen Schimmer, die Existenz einer anderen Wirklichkeit.

Für den Bruchteil einer Sekunde ist das Joch der Zeit aufgehoben, und das erlaubt uns einen Ausblick in die Ewigkeit.

Ah, von dort kommen wir also?

Dort werden wir erwartet?

Ein Augenblick, in dem wir geblendet sind vom Licht.

Das Wahrzeichen dieses Lichts ist die Schönheit, die stets für uns da ist. Grundlos und ohne Preis.

Enger Horizont

In all diesem Hin und Her der Fragestellungen kam es für kurze Zeit auch zur Begegnung mit der offiziellen Religion.

Zunächst in der Schule, wo – wenn mich die Erinnerung nicht trügt – der Unterricht immer mit einem Gebet im Stehen begann, dann in den paar Wochen Katechismusunterricht, der der Ersten Kommunion vorausging.

Mein Vater war strikt gegen all das. Er war überzeugt, dass meine Aufnahme in diese Welt mich in eine Wirklichkeit mit engem Horizont einschließen würde. Auch wegen seiner immer flüchtigeren Rolle in meinem Leben fand sein Wille zum Glück keinerlei Beachtung. Da war ein katholischer Großvater, und dieser Großvater hatte die Sorge für die Schiffbrüchigen übernommen.

Also gab es Katechismusunterricht, Kommunion und Firmung.

Meine Erwartungen waren enorm. Ich glaubte, dass an diesen von winterlichem Dunkel verschluckten

Nachmittagen, in diesen feuchten und übel riechenden Räumen etwas wirklich Wichtiges geschehen würde. Bis zur Erschöpfung würde ich über Gott sprechen können mit Menschen, die sich mit nichts anderem befassten. Ich war mir sicher, dass ich jemanden finden würde, der größer und weiser war als ich, jemanden, der seine Hand ausstrecken würde, um mir zu helfen, die geheimnisvolle Furt zu durchqueren, die mich von der Wahrheit trennte.

Ich träumte davon, in so etwas wie eine Rabbinerschule zu kommen, doch was ich erlebte, war die Routine des Katechismusunterrichts in den frühen Sechzigerjahren. *Stell dir keine Fragen, die größer sind als du.* Wie in der Schule und zu Hause wurde das auch hier das Leitmotiv meines Unterrichts.

Wir mussten glauben, was man uns sagte, keine Fragen stellen.

Aber wie konnte ich an einen Gott glauben, der vom Vater verlangt, seinen einzigen Sohn zu opfern und ihm die Gurgel durchzuschneiden? Die Klinge von Abrahams Messer blinkte bedrohlich in allen dunklen Winkeln meines Geistes.

Angesichts des ständigen Unwillens, den mein Vater uns gegenüber empfand, schien mir ein Vorschlag dieser Art doch ziemlich riskant. Es mochte Eltern geben, die nichts sehnlicher erwarteten, die so erpicht darauf waren zu gehorchen, dass sie, ohne erst ins Land Morija zu ziehen, unverzüglich hier auf dem Resopaltisch zur Tat schritten.

Väter, die ihre Kinder töten

Was ich mir damals, vor mittlerweile fünfzig Jahren, ausmalte, ist fast alltägliche Praxis geworden.

Plötzlich, ohne jede Vorwarnung, greift ein Vater zum Messer und setzt dem Leben seiner Kinder in wenigen Augenblicken ein Ende. Da ist kein Gestrüpp in der Nähe, kein Widder, der sich darin verfängt. Der Ort des Kindsmords ist nicht der Ausläufer eines Gebirges oder die Wüste – wo Die Stimme sich vernehmen lässt –, sondern scheinbar viel beruhigender der heimische Herd.

Man ersticht Kinder unter ihrer Bettdecke, ihren Teddybären noch im Arm. Man stößt ihnen ein Messer ins Herz, während sie von dem Tag träumen, den sie mit den Eltern am Meer verbringen.

Normale Väter, normale Mütter in normalen Häusern, wo alle äußeren Anzeichen von Liebe und Fürsorge für die Kinder zeugen. Es sind keine Alkoholiker oder Drogenabhängigen, es sind in der Mehrheit Väter, die eine Arbeit haben, ein Auto, einen guten sozialen Status. Die Vorstellung vom Raptus dient dazu, sie alsbald von jeglicher Verantwortung zu befreien. *Das war nicht ich, eine Stimme hat mir befohlen, so zu handeln.*

Da es Die Stimme des Vaters nicht gibt, sprechen andere Stimmen an seiner Stelle.

Der Kindsmord ist das verabscheuenswürdigste aller Verbrechen.

Biologisch, menschlich, geistig.

Und doch besteht wenig Interesse, dieser Abscheulichkeit auf den Grund zu gehen. Wenn man auch nur ein bisschen schürft, entdeckt man recht bald, dass darunter wieder einmal Sand ist.

Wenn die Vaterschaft nur als eine den eigenen Narzissmus befriedigende Rolle empfunden wird, lässt man sich leicht von unvorhergesehenen Dingen irritieren. Eine Gefühlsschwankung, Ärger in der Arbeit, ganz einfach banale Müdigkeit können den Raptus auslösen.

Das Leben in einer Rolle ist ein Leben auf Messers Schneide, denn das Publikum ist anspruchsvoll, und das Drehbuch kann plötzliche Wendungen beinhalten. Wenn man die Rolle des Vaters – oder der Mutter – übernimmt, ohne je darüber nachgedacht zu haben, was ein Vater oder eine Mutter wirklich ist, ohne die bedeutende Aufgabe der Elternschaft bewusst angenommen zu haben, läuft man Gefahr, von den Ereignissen überrumpelt zu werden.

Die eigenen Nachkommen zu töten heißt, sich selbst zu töten. Da wir nicht wissen, warum wir leben, wollen wir keine Verantwortung, wollen wir niemanden, dem wir über das Dasein Rechenschaft ablegen müssen.

Die Tatsache, dass er auf seinen Höhenflügen drei neue Leben gezeugt hatte, betrachtete mein Vater mehr oder weniger als einen unvermeidlichen natürlichen Vorgang. Schnecken kommen auf die Welt, Pilze sprießen, Kinder werden geboren.

Die Rechnung geht nicht auf

Der Gott mit dem weißen Bart war mir nicht sonderlich sympathisch. Er hatte von Abraham verlangt, seinen Sohn zu töten, und sobald er selbst einen Sohn hatte, Jesus, schickte er auch den in den Tod. Angeblich tat er das, um uns entgegenzukommen, um uns einen Gefallen zu tun, aber das war ein Gefallen, den wir gar nicht von ihm erbeten hatten.

Wie konnte man dafür dankbar sein, dass man die Ursache für den Tod eines Menschen war? Sicher, da war die Erbsünde, die abgebüßt werden musste, aber wie konnte ich verantwortlich sein für eine Sache, die im Dunkel der Zeiten begangen worden war? Und dann wegen einer so wenig verlockenden Sache wie einem Apfel? Wäre es wenigstens ein schnittiges Fahrrad gewesen!

Kurz, je mehr ich darüber nachdachte, desto weniger ging die Rechnung auf. Da war die Welt von Empfindungen und Gedanken, die ich in mir trug – eine komplexe, widersprüchliche Welt, gesättigt von starken Gefühlen –, und dann war da die Welt aus Geboten, unverlangten Gefallen, zu verbüßender Schuld, von unschuldigem Blut, das in Strömen floss.

Wie ließ sich das vereinbaren?

Mein Wahrheitsdurst war nach wie vor da, unendlich groß. Bloß dass ich, statt einen Zustand größerer Klarheit zu erlangen, jetzt in neue Nebel getaucht war. Der liebende Vater, der Tode anordnet, konnte mich nur in tiefe Trostlosigkeit stürzen. Seine Tyrannei fand in meinem Herzen keinerlei Widerhall, und das trug dazu bei, dass ich mich ein weiteres Mal verzweifelt allein fühlte.

Eine dichtere Atmosphäre

Aufgrund meines Geburtsjahrgangs hatte ich das Glück, am Katechismusunterricht teilzunehmen, als in der Liturgie und deren Vermittlung der Sinn für das Heilige noch präsent und lebendig war.

Auch wenn ich ratlos war, auch wenn meine Fragen, hätte ich denn je den Mut gehabt, sie zu formulieren, häretisch geklungen hätten, war mir doch vollkommen bewusst, dass ich mich auf einem Terrain bewegte, das mit dem alltäglichen Leben nichts gemein hatte.

An diesem Ort war die Atmosphäre dichter, man musste die Luft anhalten, sich vorsichtig und achtsam bewegen wie in einem Porzellanladen.

Wäre ich in späteren Jahren aufgewachsen, als im Demokratisierungseifer die Heiligkeit Christi in »Jesus, unser Freund« umgewandelt worden war, weiß ich nicht, ob ich ein entsprechendes Gefühl entwickelt hätte. Nein, ich hätte bestimmt nie Lust gehabt, Ihm die Hand hinzustrecken, um mit Ihm Ringelreihen zu tanzen, auch nicht, mich neben Ihn auf eine Bank zu setzen, um Ihm von meinen Problemen zu erzählen, als wäre er der Sozialarbeiter einer Hilfsorganisation.

Ich erinnere mich an die Generalprobe zur Erstkommunion in dem kahlen Gärtchen der Pfarrei.

Die Angst, die Hostie könne am Gaumen festkleben, verspürten wir alle miteinander, und so versuchte jeder von uns aus eigener Initiative mit anderen Hilfsmitteln die nötige Fertigkeit zu erlangen, um die Katastrophe abzuwenden.

Ich selbst puhlte die Krume aus meinem Pausenbrot, rollte sie und drückte sie zwischen den Handflächen platt, bis sie mir Ausmaße zu haben schien, die dem Original ziemlich nahekamen. Sodann unternahm ich mit der Umsicht eines Schwertschluckers den gefährlichen Versuch. Ein Versuch, der zumeist missglückte und mich dann zu peinlichen Manövern mit dem Zeigefinger zwang, um die Krume vom Gaumen zu lösen.

Welche Aufregung, welche Angst, welche Schlaflosigkeit in den Tagen vor dem festgesetzten Termin! Und wie gingen mir die Mitschülerinnen auf die Nerven, die an nichts anderes dachten als an das Kleid, die Geschenke, das anschließende Festessen in der Familie!

»Ihr werdet Gott zu euch nehmen«, wollte ich ihnen ins Gesicht schreien, »und ihr kümmert euch nur um Albernheiten!«

Trotz meiner Unduldsamkeit gegenüber dem Priester - einer Sache war ich mir vollkommen sicher: Dieses ungesäuerte Brot in Form eines kleinen Vollmonds enthielt eine Energie, die anders war als alles andere. Sie sich einzuverleiben bedeutete, endlich den Schlüssel zu jener Dimension in mir in die Hand zu bekommen, von der ich ahnte, dass sie seit jeher in den tiefsten Tiefen meines Herzens beschlossen lag.

Wo landet ein Papierdrachen?

Im Leben würde es manchmal genügen, wenn uns jemand an der Hand hielte. Eine schwierige Überquerung, ein Felsgrat, eine Furt mit gefährlicher Strömung. Nichts ist unüberwindlich, wenn jemand beruhigend neben uns geht.

Aber wenn neben uns nur Leere ist?

Wo landet ein Papierdrachen, wenn niemand ihn festhält? Von den aufsteigenden Luftströmungen erfasst, verschwindet er wahrscheinlich in demselben Land, wo auch die Luftballons enden.

So stieg auch ich zum Himmel empor, die Höhe war das, was mich am meisten faszinierte im Leben. Ich weiß auch nicht, wer mir diese Neigung eingepflanzt hat. Ich spürte, wie die Brise mein Seidenpapier straffte, und der bunte Schwanz peitschte fröhlich durch die Luft, als ob er singen wollte: »Hinauf geht's, hinauf, immer höher hinauf.«

Ich habe einige Zeit gebraucht, bis ich bemerkte, dass dieser glückliche Flug von keiner Hand mehr gehalten wurde und die heftigen Luftströmungen mich nach allen Seiten warfen, während Feuchtigkeit, Regen und Hagel meinen papierenen Leib in einen jämmerlichen Fetzen verwandelten. Fetzen kennen die Leichtigkeit der Luft nicht, sie fallen plump zu Boden und verwandeln sich in Matsch und Schlamm. Die silberhelle Stimme, die kurz zuvor noch sang, schweigt mit einem Mal.

Wo bin ich gelandet, was ist dieser Schlamm, dieser Morast ohne Horizont?

Der Nebel hat das Licht verschluckt.

Jedes Ding ist von ihm umhüllt.

Es gibt keinen Norden und keinen Süden mehr, nicht Ost, nicht West.

Alles ist sich gleich und verursacht keine Unruhe.

In gewisser Weise ist die Dunkelheit tröstlich, man braucht nicht mehr zu wählen und auch nichts mehr zu riskieren, man kann stillhalten und abwarten. Manchmal überkommt einen Schläfrigkeit, und diese Schläfrigkeit wird immer stärker. Nicht alle bemerken rechtzeitig, dass diese Benommenheit der Vorhof des Todes ist.

So steigt der Nebel auf und umhüllt den Tiger, der sich an die Felswand klammert. In der Taiga hat er kein Problem sich zu orientieren, auch wenn die Sicht eingeschränkt ist – er hat scharfe Ohren, eine feine Nase und Spürhaare, mit denen er die kleinste Luftbewegung wahrnimmt.

Der Tiger bevorzugt den Dunst, dort verübt er seine tödlichen Attacken, aber wenn das Gelände nicht eben, sondern vertikal ist? In dieser unnatürlichen Umgebung verliert er jeden Anhaltspunkt. Einen Moment lang beneidet er die Gämsen und Hirsche, allesamt Geschöpfe, die mit einem Schwung mühelos zum Sprung ansetzen können.

Ein feiner roter Faden

Man muss einige Jahre gelebt haben, um die Idee der Vorsehung zu erfassen und zu verstehen, dass alles, was geschieht, in Wirklichkeit einen Sinn hat.

Man muss viele Male hingefallen sein und sich ebenso viele Male wieder aufgerappelt haben, um hinter den unendlich vielen Demütigungen, den unendlich vielen Mühen einen roten Faden zu erkennen, der unsere Tage von Anbeginn an durchzieht, ihnen einen Sinn verleiht. Und dieser Sinn ist keine Antwort, sondern die Formulierung einer einzigen, sehr alten Frage.

Wer bin ich?

Wer bin ich in Wahrheit, in der Tiefe, jenseits allen Scheins? Sosehr unsere Epoche vor dieser Befragung des individuellen Bewusstseins zurückschreckt, so verschwenderisch ist sie in der Verbreitung von Wahrheiten, die die Energie der Masse gleichschalten und sedieren.

Betrachtet man unsere heutige Wirklichkeit, erscheint *1984* von Orwell wie ein harmloser Text für Klosterschülerinnen. Die menschliche Natur wird ständig verändert und manipuliert, von scheinbar wohltätigen dunklen Mächten, die über außerordentlich wirksame und subtile Mittel verfügen.

Schwierig, immer schwieriger, die Augen zu öffnen.

Schwierig, immer schwieriger, die Kraft für einen Sprung zu finden, um da herauszukommen.

Und diese Umwälzung der Menschheit ist in unglaublich kurzer Zeit vor sich gegangen und schreitet in so rasantem Tempo voran, dass einem angst und bange werden kann.

Den Menschen von der Idee des Schicksals zu befreien war der Geniestreich. Wir brauchen uns nicht mehr zu fragen, wer wir sind, weil die Gesellschaft uns diese Frage beantwortet, noch bevor wir die Augen öffnen.

Sie lässt sie uns freilich nur öffnen, wenn wir unseren Eltern keine Kosten, unendliches Leid und Mühen bereiten, sonst beenden wir unsere Tage in einer Stahlschale.

Haben wir jedoch die Gentests glorreich bestanden, wird uns gleich beim ersten Schrei gesagt, dass unser oberstes Recht das Recht auf Glück sei. Was auch immer wir tun mögen, um es zu erreichen, es werde zulässig sein, weil der Zweck stets die Mittel heilige.

Wir wurden geboren, um zu konsumieren, wir wurden geboren, um zu begehren, die Gesellschaft besteht nur, um unseren Wünschen entgegenzukommen. Stellt sich ein Problem der Verwirklichung in den Weg – ab und zu tauchen noch so gespensterhafte Relikte wie Krankheit oder Tod auf –, haben wir nichts zu befürchten, denn Technik und Wissenschaft, unsere großen Verbündeten, werden uns den Weg auf die eine oder andere Weise ebnen.

Wir müssen Zutrauen also nicht zu unserem Schicksal haben, sondern zu dem, was die Technik ausrichten kann. Tatsächlich gibt es kein Hindernis, das sie nicht ausräumen könnte. Was heute unmöglich erscheint, wird morgen Wirklichkeit sein. Wir brauchen uns nicht zu beunruhigen, brauchen uns nicht um den Schlaf bringen zu lassen!

Wir sind nichts weiter als ein hoch entwickelter Motor, und über uns wacht der erfahrenste aller Mechaniker!

Jemand muss bezahlen

Aber wohin führt uns diese Abkehr vom Schicksal?

Sie führt uns zu dem, was wir tagtäglich vor Augen haben: Unzufriedenheit, Wut, Groll, das ständige Bedürfnis, andere zu übertrumpfen.

Und es stimmt, wenn wir durch Zufall in diese Welt geworfen wurden, wird ja wohl irgendjemand für all das verantwortlich sein, was uns gegen unseren Willen zustößt. Irgendjemand muss verurteilt werden, jemand muss bezahlen, und das werden gewiss nicht wir sein, denn wir wissen, dass in dieser Geschichte, in die wir verwickelt wurden, prinzipiell wir die Unschuldigen sind. Es wurde uns ja auch gesagt, dass wir von Natur aus gut sind, alles Negative, das uns zustößt, rührt von den Handlungen anderer her.

Wir sind bereit, die besten Anwälte zu engagieren, damit die Schuldigen bezahlen; wenn wir einen Prozess verlieren, strengen wir weitere an. Wenn unsere Klage erneut abgewiesen wird, schreiten wir womöglich zur Tat, denn wenn die Gerechtigkeit der Gerichte nicht funktioniert, ist die Sprache der Waffen doch stets effizient. Oder wir betäuben uns mit Drogen, mit Medikamenten, mit all diesen Pillen, die immer bunter werden und in Mikrodosen darauf abzielen, die geringste Unruhe, jede Andeutung von Schlaflosigkeit, jedes noch so leise, mikroskopisch kleine Verlangen nach Rebellion abzutöten. Wenn wir schon das Glück nicht erlangen, dann sei wenigstens der Friede mit uns.

Friede grammweise abgewogen, Friede in Molekülen, Friede, der uns tröstet, uns betäubt, der uns sanft und unmerklich in die Welt der lebenden Toten versetzt. Der Friede sei mit uns und mit unseren Kindern, die beim ersten Anzeichen von Unruhe in Zombies verwandelt werden.

Die höhnische Todesfratze des Lebens als Selbstzweck ist so leicht zu entlarven, und doch erheben sich so wenige Stimmen, um den Betrug anzuprangern. Die Massenmedien sind mächtig, sie manipulieren und zeigen nur das, was ihnen zupasskommt. Wenn sie sich etwas entgehen lassen, ist das nichts weiter als ein Raunen, um stattdessen das glauben zu machen, was einmütig akzeptiert ist.

Wir leben in einer Demokratie, die allen Meinungsfreiheit gewährt. Und tatsächlich, so ist es wirklich. Noch nie hatte der Einzelne so sehr wie heute die Möglichkeit, seine Meinung kundzutun.

Aber die Meinung verhält sich zum Fundament wie die satte, in einer Schachtel eingeschlossene Maus zum hungrigen, in der Felswand hängenden Tiger.

Streifzüge

Mit dreizehn, vierzehn Jahren habe ich vorwiegend auf der Straße gelebt.

Meine Mutter war eine neue Beziehung eingegangen, und oft arbeitete sie bis spätabends. Deswegen achtete sie immer weniger auf ihre Kinder. Sie machte sich bestimmt keine Sorgen darüber, wie ich meine Freizeit verbrachte. Sobald es ging, übernachtete ich bei einer Schulkameradin, ich bevorzugte diejenigen, die so etwas wie eine Familie um sich hatten. »Ich schlafe auswärts«, teilte ich dann von einer Telefonzelle aus mit, und das war alles.

Nach einer Ruhepause im Mädchenalter waren die Fragen mit erneuter heftiger Virulenz wieder an die Oberfläche gekommen.

Ab und zu blieb ich über Nacht bei einer Freundin auf dem Land. Statt zu schlafen, verbrachten wir die Zeit ausgestreckt auf den Feldern liegend, Kälte und Feuchtigkeit waren uns egal, und so befragten wir stundenlang das Himmelszelt.

Gingen uns die Sterne dort oben etwas an?

Das Feuer, das in ihnen brannte, war unvorstellbar für uns. Von der Erde aus gesehen, erschienen diese kleinen Sonnen nur wie winzige Eispünktchen.

War da irgendwo im Sternenraum unser Schicksal verborgen?

Oder war es unseren Herzen eingeschrieben?

Wie würde unser Leben als Erwachsene sein?

Würden wir eine Arbeit haben, die uns Spaß machte?

Und die große Liebe? Würden wir sie finden, früher oder später?

Und Kinder?

Der Himmel, der sich von Horizont zu Horizont spannte, war unsere Kristallkugel. Enthülle uns unser Gesicht, unseren Weg!

Manchmal fragten wir uns jedoch auch, ob es nicht klüger wäre, nichts zu wissen. Wenn es hieße, morgen stirbst du – war es da nicht besser, zu leben und sich überraschen zu lassen?

Ich erinnere mich noch an die Müdigkeit bei Sonnenaufgang, die krähenden Hähne ringsum und die schreckliche Feuchtigkeit, die uns in die Glieder gekrochen war.

Sprich mit mir!

Im Heranwachsendenalter klopfen die Fragen wie eine Gabe spontan an unsere Tür.

In einer Zeit mit wenig Zerstreuung wie der, in der ich groß geworden bin, klopften sie fast vehement an, heutzutage müssen sie sich Mühe geben, um sich im Lärm bemerkbar zu machen und sich, wenn schon keine Tür, so doch wenigstens einen Spalt öffnen zu lassen. Aber gewiss klopfen sie noch immer an, und den Kindern, die es wagen, ihnen zu lauschen, bieten sie sogleich ein außergewöhnliches Geschenk: das Licht, das mit einem Mal in ihren Augen aufgeht.

Ich fuhr mit dem Fahrrad durch die Außenbezirke der Stadt, ich machte auf Autobahnbrücken halt, um die Autos darunter zu beobachten, ich lief an Eisenbahngeleisen entlang. Die metaphysischen Spekulationen des Kindesalters hatten sich in schwer kontrollierbare kinetische Energie verwandelt. Ich brauchte Bewegung, ich musste raus. Jeden Nachmittag lief ich Kilometer um Kilometer. Ich war nicht auf Rekorde aus oder auf irgendeine Form gesundheitsfördernden

Trainings, ich hoffte vielmehr, dass das Übermaß an Sauerstoff die brennenden Fragen in mir etwas weniger glühend machen würde.

In der Tat war ich von den hohen Sphären des Unendlichen in die Niederungen des Menschlichen hinabgestiegen und befragte mich unentwegt nach der Beziehung zwischen beiden. Unterdessen war meine familiäre Situation schrecklich zerrüttet. Die Einsamkeit des Atolls, auf dem zu leben wir uns in aller Stille abgefunden hatten, hatte sich in eine Situation voller Hass und Gewalt verkehrt, und diese Wirklichkeit verlieh unserem Leben eine neue Dimension des Schiffbruchs.

Gelegentlich nahm ich einen Linienbus und fuhr in Richtung Berge, manchmal packte ich Schlafsack und Zelt in den Rucksack und schlief im Freien in einem Gebirgswald. Dort oben befragte ich verzweifelt den Himmel, und der Himmel gab mir keine Antwort.

Ich empfand jedoch Frieden beim Anblick eines majestätischen Hirsches.

Frieden beim Rauschen der Tannen – der große Atem der Erde, wie sonst nur das Rauschen des Meeres.

Frieden ob der anmutigen Leichtigkeit eines Eichhörnchens.

Frieden ob der Schönheit, die nie aufgehört hatte, zu meinem Herzen zu sprechen.

Frieden, Frieden, Frieden fühlte ich in mir, ausgestreckt im weichen Bett aus Tannennadeln. Frieden, der jedoch bei dem Gedanken, in die Welt der Menschen zurückkehren zu müssen, aufloderte wie ein Strohfeuer und sich sogleich in Kummer verwandelte.

Beim Laufen und Radfahren kam ich manchmal zu Kapellen oder kleinen Pfarrkirchen. Dann trat ich ein und legte eine soeben gepflückte Blume auf den Altar. Ich kniete zu Füßen des Kruzifixes nieder und flehte: »Sprich mit mir!«

Aber sein Haupt blieb geneigt, seine Augen hartnäckig geschlossen.

Agnus Dei, qui tollis peccata mundi.

Der Widersacher

Selig die, auf deren Schultern kein zu großes Gewicht geladen wurde.

Selig die, die – aus Tradition oder Zufall, aus Treue oder Trägheit – dem Weg folgen, den andere gebahnt haben.

Sie gehen in die Kirche, weil ihre Eltern das tun, weil sie sich in den Werten des Katholizismus wiedererkennen.

Sie gehen in die Kirche, weil sie dort eine fröhliche Gemeinschaft vorfinden, wo sie immer willkommen sind, ohne beurteilt zu werden.

Sie gehen in die Kirche, weil Jesus freundlich ist, es gibt niemanden, der größer wäre als Er!

Die Fundamente ihres Lebens sind nicht infrage gestellt. Das Gute wurde ihnen stets als die beste der Optionen gepriesen, sie wissen, dass sie sich Mühe geben müssen, um in die richtige Richtung zu gehen.

Selig, selig, selig die, die das Leben verschont hat und die nie mit der Teufelsfratze des Bösen zu kämpfen hatten.

Selig die, deren Fleisch nicht von seinen Krallen zerfetzt wurde.

Selig die, die sich den Luxus der Naivität erlauben können.

Selig, selig und nochmals selig die, für die Ostern das höchste der Feste ist.

Der Horizont des Tigers ist ein anderer, er weiß von Anfang an, dass das Leben ein Kampf ist. Vielleicht hat der Himmel ihn genau wegen seiner Macht erwählt: Krallen und Reißzähne stets bereit zuzuschlagen.

Der Tiger weiß, dass das Leben ein Dschungel ist und kein Spaziergang auf dem Corso, seine Sinne sind stets auf der Hut. Auch wenn er schläft, sind seine Augen offen und hellwach, denn er kennt die Heimtücke seines Widersachers.

Wer wagt heutzutage noch, von diesem zu sprechen?

Nachdem sie auf Schritt und Tritt mit Höllenqualen und Teufeln zu drohen gewohnt war, hat die Kirche, um sich die Treue der Gläubigen und die Konformität mit der bestehenden Ordnung zu sichern, beschlossen, mit der Zeit zu gehen und sich dieses ganzen alten Krempels zu entledigen, als wäre es eine aus der Mode gekommene Tapete.

Alles muss leicht sein, alles muss schmerzlos sein. Von den beiden Polen des menschlichen Lebens – Gut und Böse – wurde einer ganz in den Schatten gerückt. Und diese Ausblendung, diese fehlende Dialektik zwischen den zwei Polen, gefällt dem Reich der Finsternis besonders gut.

Glaube und Religion

Glaube und Religion zu verwechseln schafft nicht wenig Verwirrung.

In einigen Punkten berühren und überschneiden sich die beiden Realitäten, das ist wohl wahr, aber der inneren Erfahrungswelt nach haben sie extrem unterschiedliche Bedeutung.

Die Religion ist meist eine kollektive Angelegenheit, seit Jahrtausenden wird sie tradiert und führt wie ein breiter Strom für Generationen und Generationen von Menschen Riten und Gebräuche mit sich, während der Glaube immer ein individuelles Geschehen ist. Mit der eigenen Veranlagung, den eigenen Erfahrungen und Kräften beschließt man, sich auf den Weg zu machen. Auf der Landkarte ist das Ziel nicht zu erkennen, man erahnt es kaum, häufig gerät man auf Abwege. Jedes Mal, wenn man überzeugt ist, das Gesuchte gefunden zu haben, verschwindet das Bild wie eine Fata Morgana und zwingt uns weiterzugehen.

Verloren mitten in der Wüste, kann es geschehen, dass uns Reue überkommt. Warum haben wir beschlossen, uns aufzumachen und alles Bekannte zurückzulassen? Der zurückgelegte lange Weg und die Mühsal haben das Motiv, das uns bewegte aufzubrechen, ausgelöscht. Einzig in der Stille der Nacht, umgeben von den leisen Schritten der Wölfe und im kalten Lufthauch, der über den Sand streicht, erscheint, blitzartig erhellt, der Grund unserer Reise.

Ja, das war's, wir waren unzufrieden!

Mit den Jahren und wachsender Erfahrung habe ich begriffen, dass die Menschen sich in zwei Kategorien einteilen lassen – diejenigen, die offen sind für den Wandel, und diejenigen, die sich dagegen sträuben. Diejenigen, die den Stachel der Unruhe spüren und handeln, und diejenigen, die zufrieden sind, so, wie sie sind, und sich, auch wenn sie gar nicht zufrieden sind, trotzdem nicht bewegen. *Ich bin halt, wie ich bin, da kann man nichts machen.* Solche, die das Schicksal kritiklos hinnehmen, und solche, die hinter dem Schicksal einen höheren Plan erahnen und sich dank dieser Ahnung auf den Weg machen.

Heimweh nach dem Ewigen

Wie die Schwalben, die ab Mitte August vom Reisefieber gepackt werden und sich in der Dämmerung unter lautem Tschilpen und in immer kleineren Schwärmen auf den Leitungsdrähten versammeln, so können auch wir zu einem bestimmten Zeitpunkt im Leben den Impuls verspüren davonzufliegen.

In eine andere Welt jenseits des Meeres, die uns ruft.

Wir haben sie nie gesehen, wir haben keinen Vertrag in der Tasche, der uns garantiert, dass wir dort landen werden, wir wissen nicht einmal, ob unsere Kräfte ausreichen. Vielleicht werden wir eines Nachts von den Fluten verschlungen.

Und doch brechen wir auf.

Wie die kleinen, in Italien geborenen Schwälbchen schon beim ersten Flug um das Nest Heimweh nach Afrika verspüren, so bewahren auch wir in den geheimsten Winkeln unseres Herzens das Heimweh nach der Stimme des Ewigen, die uns ruft.

Wohl und Wohlstand

Der Glaube ist das genaue Gegenteil von Opium.

Ja, in diesen Zeiten, da das Opium mit vollen Händen ausgeteilt wird, würde ich sagen, Glaube ist der einzige Weg, um sein Heil zu finden. Wobei Heil bedeutet, sich in der Tiefe des Menschlichen zu verankern, statt sich zum blinden Gehorsam von Termiten verleiten zu lassen, den unsere immer mehr gleichgeschaltete Gesellschaft als die vernünftigste und wünschenswerteste Variante des Sozialen ausgibt.

Was einst die Kirche bewerkstelligte – die Gesellschaft durch Einhaltung ihrer Gesetze geeint zu halten –, das bewirkt heute auf wesentlich subtilere und geschicktere Weise die Macht der Medien.

Mit einem kleinen, nicht unwesentlichen Unterschied.

Die religiöse Einheit beruhte auf dem Respekt vor den Zehn Geboten – die universell als sittliche Grundlage der menschlichen Natur und als Vervollkommnung der Person aufgefasst wurden –, während die am Konsum orientierte Einheit auf den Rechten des Individuums beruht, also der Verherrlichung des Egos, das immer maßloser wird, immer vorlauter, immer machtbesessener.

Die Barbarei, die wir für wenn nicht überwunden, so doch eingedämmt hielten, ist indessen mit unkontrollierbarer Macht wiedergekehrt. *Mors tua, vita mea* hat sich diese Zeit auf die Fahnen geschrieben.

Harte Zeiten für die Lämmer.

Harte Zeiten für die, die sich fragen, wer diesen Wandel lenkt.

Welche Ziele verfolgt er?

Wer hat einen Vorteil davon?

Gilt der höchste Gedanke dem Wohl des Menschen oder einfach seinem Wohlstand?

Und wozu führt der Wohlstand, wenn nicht dazu, immer mehr davon haben zu wollen?

Und wie kann ich ihn erlangen, wenn nicht auf Kosten anderer?

Unter dem süßen Gesäusel der absoluten Demokratie greift der erbarmungsloseste Sozialdarwinismus um sich. Armer Darwin! Ein guter, tief empfindender und geduldiger Mensch – wenn er wüsste, mit welcher Vision von Gesellschaft sein Name in Verbindung gebracht wird!

Das immer anmaßendere Auftreten einiger Mächtiger – in allen Abstufungen der Macht, von der körperlichen Kraft bis zur Welt der Börsengeschäfte – erfordert, dass Massen von Armen und Schwachen auf die andere Waagschale gesetzt werden. Wesen, die nur zum Gehorchen da sind.

Um diesen Zustand zu erreichen, wird meist nicht die Peitsche eingesetzt, sondern die forcierte Fröhlichkeit des Schlaraffenlands.

Es ist spät, als Pinocchio bemerkt, dass er Haare auf den Ohren hat.

Es ist spät, wenn wir bemerken, dass die mit so viel Einsatz und so hartnäckig verfochtene Freiheit die Dunkelheit und Enge eines Ameisenbaus hat.

Die blitzartige Erleuchtung durch den Glauben

Durch seinen Sturz hat der heilige Paulus im Lauf der Jahrhunderte einigen Schaden angerichtet.

Der erbitterte Feind Christi, der eifernde Verfolger fällt vom Pferd, und als er sich wieder erhebt, sieht er, obwohl kurzfristig geblendet, alles in vollkommener Klarheit.

Aufgrund dieser fulminanten Bekehrung hat sich im Unbewussten vieler – zu vieler – die Idee festgesetzt, der Glaube sei eine Art Blitz, der einen plötzlich trifft, ohne dass man es erwartet. Von diesem Augenblick an ist alles anders: Was uns bis dahin unglaublich – und auch ein bisschen lächerlich – erschien, wird absolute Gewissheit, und auf dem Altar dieser Gewissheit sind wir bereit, unser ganzes Leben hinzugeben.

Diese Art der Bekehrung, die, zahlenmäßig betrachtet, eine verschwindend kleine Minderheit betrifft, hat die Idee aufkommen lassen, die Erleuchtung durch den Glauben sei nicht viel anders als das überraschende Eintreffen eines Pakets. Statt sich auf den Weg zu machen, beschränkt man sich also darauf zu warten. Es ist kein Eifer in diesem Warten, eher eine fatalistische Ruhe. *Ich habe den Glauben nicht, er ist nie gekommen*, sagt man immer wieder. *Wer weiß, vielleicht ist bei der Post etwas falsch gelaufen*.

Aber falsch ist nur, dass wir die Unruhe nicht mit offenen Armen angenommen haben, diese zutiefst menschliche Regung und heutzutage, würde ich sagen, die am erbittertsten bekämpfte.

Nichts darf uns beunruhigen, denn die Unruhe ist ständig auf das Unbeständige hin offen, und dorthin zu schauen ist gefährlich.

Gefährlich, weil es uns unsere Zerbrechlichkeit bewusst machen und uns verdeutlichen könnte, dass jede unserer Handlungen Gewicht hat und dass es dieses Gewicht ist, das uns in die eine oder die andere Richtung drängt.

Gefährlich, weil wir am Ende ahnen könnten, dass es außer der Zeit auch den Ewigen gibt und dass Er – im Unterschied zu Kronos, der seine Kinder frisst – denen, die sich an Ihn wenden, ein Leben in einem beständigen Licht gewährt.

Also halten wir still, gehen nicht auf die Suche, weil alles, was wir erkennen können, vor unseren Augen liegt.

Wenn wir nicht auf der Liste stehen, kommt das Paket nicht an. Die Verantwortung liegt also nicht bei uns, sondern bei dem, der aufgrund seines blinden Wahns beschlossen hat, nach den Gesetzen des absoluten Zufalls zu handeln.

Sich öffnen für die Begegnung

Um ein Treffen zu vereinbaren, muss man sich zunächst verabreden, eine Stunde und einen Ort festlegen. Alle Verabredungen – Arbeitstreffen, Arzttermine, Freizeitvergnügen – folgen diesem simplen Schema.

Doch es gibt eine andere Art von Treffen – solche, die Auftakt zu einer großen Freundschaft sind, einer Liebe, zu einer Erweiterung des Geistes oder des Herzens –, und diese Treffen kommen scheinbar zufällig zustande.

Auf einmal beeindrucken uns in der Menge *diese* Augen, *jenes* Gesicht, und bei ihrem Anblick wissen wir, dass diese Augen, dieses Gesicht uns etwas angehen. Von dem Zeitpunkt an richtet sich unser ganzes Sinnen und Trachten darauf, mit dieser Person in Kontakt zu treten.

In der Welt, in der wir mittlerweile alle leben – Lautsprecherstöpsel in den Ohren und die Augen ständig auf irgendeinen leuchtenden Bildschirm gerichtet –, wird es immer schwieriger, die außerordentliche Gnade einer solchen Begegnung in der Stille eines beliebigen Tages zu erleben.

Der durch die elektronischen Medien bedingte Autismus schließt uns alle in unsichtbare Taucheranzüge ein, was wir an Wirklichkeit kennen, ist das, was wir im Inneren unserer Montur erleben und was uns zu einem wahren Heißhunger auf virtuelle Kontakte reizt, die eigentlich nichts anderes sind als ein Mangel an Kontakten.

Was für eine Begegnung ist denn eine Begegnung, die uns nicht verändert, uns nicht zwingt, den Standpunkt des anderen einzunehmen?

Und verhält es sich so nicht auch mit dem Glauben?

Irgendwann bemerken wir, dass in unserem Leben eine Leere ist. Etwas, jemand fehlt uns.

Wir kennen weder sein Gesicht noch seinen Namen, und doch ahnen wir in einem sehr alten Teil unserer Seele die Notwendigkeit seiner Anwesenheit. Ein Schatten von Sehnsucht liegt auf dem Grund jeder unserer Handlungen. Nachts schlafen wir, doch unser Herz bleibt wach und wachsam. Wir wissen nicht, ob er laut unseren Namen rufen wird oder ob wir in der Menge seinem Blick begegnen werden. Wir wissen nicht, wie wir wissen können, ob diese Augen wirklich seine sind. Die uns suchten. Die wir suchten.

Am Beginn des Weges ist uns einzig klar, dass etwas fehlt, und dieses Fehlen verwandelt sich sehr rasch in Durst. Ein schrecklicher Durst, der von keinem der Getränke, die man uns großzügig anbietet, gelöscht wird. Ja, paradoxerweise haben wir, je mehr wir trinken, desto größeren Durst. Weder Limonade noch Mineralwasser, noch Bier, weder Glas noch Flasche, noch Fass vermögen unseren Durst zu stillen.

Deshalb machen wir uns auf den Weg, deshalb gehen wir voran.

Auf der Suche nach der Quelle.

III

Der Leuchtturm in der Nacht

Bruder Sonne, Schwester Mond

Auf meinen Streifzügen als Heranwachsende, auf meinen wilden Erkundungsfahrten durch die Welt trug ich ab einem gewissen Zeitpunkt das Evangelium mit mir herum.

Nach dem gloriosen Aufflammen des Glaubens beim Empfang der Sakramente – Kommunion und Firmung mit acht Jahren im Verlauf einer Woche – und dem kurzen Eifer, der darauf folgte, war meine Glaubenspraxis schnell und unmerklich erloschen. Kirchenbesuch war – mit Ausnahme des Großvaters, der inzwischen aber verstorben war – in meiner Familie nicht Brauch. Ja, nicht zur Kirchengemeinde zu gehören und eine sarkastische Distanz dazu zu wahren galt eher als Ehrentitel.

Die außerordentliche Kraft, die ich am Tag meiner Firmung in mir verspürt hatte – als meine kriegerischen Neigungen im damals gängigen Bild vom Streiter Christi endlich Befriedigung fanden –, war unter der Last eines perspektivlosen Alltags verpufft.

Verpufft, aber nicht erloschen.

Wie die Asche, die wir morgens im Kamin finden, in den tieferen Schichten noch schwelende Glut birgt, so ruhte mein Durst nach dem Mysterium verborgen unter der stumpfen Banalität der Tage.

Vor allem musste ich überleben, und das beanspruchte einen Großteil meiner Energie. Abraham, Isaak, Josef, Jakob, die Jungfrau und Christus, zusammen mit meinem Schutzengel – dessen Namen ich in der Zwischenzeit vergessen hatte – waren in den Limbus entrückt, und dort lebten sie als ferne Erinnerung, ohne weiter zu stören.

Doch dann, als die Kindheit schon unter dem finsteren Ansturm der Pubertät zurückgewichen war, sah ich zufällig den Film von Franco Zeffirelli über den heiligen Franziskus. Und dieser Film stieß in mir ein Fenster auf, das ich für längst geschlossen gehalten hatte.

Da hatte es also einen anderen Menschen gegeben – einen Jungen ungefähr in meinem Alter, wenn auch aus einer anderen Zeit –, der wie ich vom militärischen Leben geträumt hatte, diesen Traum dann aber aufgab, um einem anderen zu folgen.

Dieser Junge sprach mit den Tieren, wie auch ich es immer tat, wenn ich allein war in der Stille des Waldes.

An einem bestimmten Punkt seines Lebens war der Junge von Unruhe und Unzufriedenheit erfasst worden, genauso, wie es mir ergangen war.

Ein umfassenderer Atem

Auch Franziskus war ständig in Bewegung, wie ich.

Doch statt die öden Randbezirke einer Stadt zu durchstreifen, konnte er durch die Wälder Umbriens wandern. Statt mit Amseln sprach er mit Wölfen.

In seinem ruhelosen Umherwandern erkannte ich mein eigenes wieder.

Wie ich wusste er, dass es rings um uns einen umfassenderen Atem gab und dass dieser Atem uns alle durchströmte, uns miteinander verband und auch die Tiere mit einschloss, die Pflanzen, die mineralische Welt, die Sonne, die Sterne, Luft, Wasser und Feuer.

Ja, der Atem trug uns, und wir trugen den Atem.

Das war es, was ich wusste, noch bevor ich Abraham, Isaak und Noah kennenlernte. Das war es, was mich, noch bevor ich zur Schule ging, zum Weinen brachte. All die Liebe, die in der Welt war und die niemand aufnehmen konnte. All die Liebe, die sich ständig in ihr Gegenteil verwandelte. Das ganze Leben, das sich ohne Liebe rasch in Tod verwandelte.

Das war der Grund für meine Tränen. Hinter der

Erscheinung der Dinge, hinter der Normalität spürte ich diesen absoluten, verheerenden Mangel.

Franziskus gab sich nicht zufrieden, wie übrigens auch ich es nicht tat. Sich zufriedenzugeben heißt, die erstbeste Hypothese als die einzig mögliche anzunehmen. Franziskus wollte den Dingen auf den Grund gehen. Irgendwann hat er die allseits akzeptierten Palliative - Geld, Macht, Ruhm - zurückgewiesen.

Auch für mich sangen diese Sirenen umsonst, mein verzehrender Wunsch war auf Dinge gerichtet, die man nicht kaufen kann, Dinge, die nicht dazu beitragen, dass man mehr gefürchtet wird, mehr beneidet oder bewundert. An diesem Punkt meines Lebens lag mir vor allem die Freiheit am Herzen, und auch Franziskus wollte frei sein; so sehr verlangte ihn danach, dass er sich von seiner Familie lossagte. *Nur das Leben empfange ich von euch, nichts sonst.* Auf seinen Streifzügen betrat Franziskus immer wieder Kirchen, wie ich. Gewiss kniete auch er vor dem Kreuz nieder und bat um Zwiesprache. Der Unterschied zwischen ihm und mir liegt in diesem Punkt.

Es ist nur einer, aber der ist fundamental.

Der Christus in San Damiano hat weit offene Augen. Er hatte ihn angesehen, und so hatten sie ein Gespräch begonnen.

Weit offene Augen am Kreuz

In dem Evangelium, das ich immer in der Tasche trug, suchte ich also vor allem die Begegnung mit einem Blick, der imstande wäre, jedes Ding zu beleuchten.

Ich erinnerte mich an die Worte aus dem Katechismusunterricht: *Ich bin der Weg, die Wahrheit, das Leben.* Und war nicht vielleicht dies das beständige Streben meiner Tage? Im Dunkel des Alltäglichen, unter seinen unendlich vielen, in die Irre führenden Straßen den Einen Weg, den Königsweg, zu finden. Der Zugang dazu liegt meist versteckt unter Gestrüpp. Dort, da war ich mir sicher, waren die Säulen der Wahrheit verborgen, und nur diese Säulen wären imstande, mein Leben für immer in die Sphäre der absoluten Freiheit zu heben.

Dank Franziskus machte ich also mit einem Mal die Entdeckung, dass Christus auch offene Augen haben konnte und Arme, die, statt schlaff am Kreuz zu hängen, zu einer kosmischen Umarmung weit geöffnet waren. Die wenigen Gekreuzigten, die ich bis dahin gesehen hatte, waren alle auf traurige und schmerzliche Art tot gewesen. Diese Traurigkeit, diese leblosen Körper, diese geschlossenen Augen hatten mir das Gefühl vermittelt, dass hier jede Möglichkeit des Dialogs ausgeschlossen war.

Welche Schäden eine einseitige Vision Christi als Schmerzensmann angerichtet hat und weiterhin anrichtet! Wie soll ein Mensch zu jemandem sprechen, der im Todeskampf liegt? Wie soll man in einer vollständig entchristianisierten Welt, in der die einzige anerkannte Sünde die der Völlerei ist – denn man muss auf seine Linie achten –, erwarten, dass die Menschen einen spirituellen Weg einschlagen, wenn sie als Anreiz ein Bild vor sich haben, das kein Zeichen von der Macht des kommenden Lebens in sich trägt?

Oh, großartige Gekreuzigte mit offenen Augen, mit weit geöffneten Armen, lebendig und bereit, alle Tränen zu stillen und in der Umarmung Trost zu spenden.

Oh, Blick reinen Lichts, Blick, der Du das Universum umfasst, berühr unsere Herzen, nimm sie in Besitz!

Nur Du kannst das Eis zum Schmelzen bringen, nur Du kannst die geheimnisvolle alchemistische Wandlung von Stein zu Fleisch vollbringen, von Hass zu Liebe, von der Lüge zum Leben!

Nur Du kannst uns von den Ketten befreien, die uns gefangen halten, unerkannt, fremd und feindlich gegen uns selbst.

Nur Du kannst uns die absolute Freiheit dessen geben, der dem Tod nicht erliegt.

Diese Sehnsucht ist es, die Du jedem Embryo eingibst, wenn er in den wunderbaren Tiefen des mütterlichen Schoßes heranreift.

Eine Stimme wie ein Pfeil

Durch Gespräche mit verschiedenen Personen bin ich im Lauf der Jahre zu der Überzeugung gelangt, dass die Hauptursache, weshalb viele den Weg des Glaubens innerhalb des Christentums ablehnen, in den miserablen Erfahrungen zu suchen ist, die sie in Kindheit und Jugend gemacht haben. Erfahrungen von Stumpfsinn, inhaltsleerem Formalismus und einem Moralismus, der einzig darauf abzielt, jedes Gefühl körperlicher Freude abzutöten und verächtlich zu machen. Erfahrungen von Demütigung und Ausschluss.

Ein bisschen so, als wäre das Christentum der Ort, wo sich nur Erwählte treffen. Erwählte, die ihre Erfüllung finden im permanenten Grau des *Das macht man so, das tut man nicht, ich muss mich zwingen, das zu tun.* Wenn du dich nicht anpasst, wenn du dir Fragen stellst, wenn du eine rebellische Seele in dir trägst, die sich nicht mit künstlichen Getränken zufriedengibt, sondern das Wasser der Wahrheit will, dann bist du ausgeschlossen. Du störst die Ordnung der braven Leute.

Ich glaube ganz im Gegenteil, dass das Christentum

der Ort ist, wo rebellische Seelen sich verwirklichen können.

Ich bescheide mich nicht.

Aufrechnungen - ich gebe so und so viel, um ebenso viel zu bekommen -, die Gewissheit, im Recht zu sein - also verurteilen zu können -, die traurige Enge des Moralismus sind nichts für mich.

Ich will zu den Fundamenten vordringen, ich will die Säulen entdecken, die die Wirklichkeit tragen, ich will die Wahrheit, weil eine Stimme auf dem Grund meines Bewusstseins mir sagt, dass das der Sinn meines Lebens ist und all derer, die die Fülle des Lebens anstreben.

Wie soll man sich sonst in der Komplexität der Alltagswirklichkeit zurechtfinden? In jeder Stunde, jeder Minute unseres Lebens müssen wir Entscheidungen treffen, Entscheidungen, die uns und die anderen angehen.

Und auf welcher Grundlage können wir entscheiden, wenn wir keinen Kompass haben, der uns Orientierung gibt? Wenn wir nicht klar und deutlich die Stimme vernehmen, die durch das Wunder der Evolution seit jeher in uns ertönt, auf welche andere Stimme sollten wir hören?

Wir müssen hören lernen.

Das ist der erste Schritt. Nur wenn wir aufmerksam und mit Bedacht hinhören, die unendlich vielen Stimmen vernehmen, die ständig in unserem Kopf herumschwirren, werden wir plötzlich diejenige ausmachen können, die imstande ist, konstruktiv zu sein, statt zu zerstreuen.

Eine Stimme, die nicht zum Verstand spricht, sich nicht in den Windungen des Körpers verliert, sondern direkt mitten ins Herz zielt.

Eine Stimme wie ein Pfeil, der trifft, aber nicht verletzt. Seine Spitze ist nicht aus Eisen oder Stein, sondern aus purem Licht.

Er trifft und erleuchtet.

Das Gute nach Belieben

Im Reich der Meinungen ist es schwierig, vom Gewissen zu sprechen. Wenn es die Wahrheit nicht gibt, gibt es natürlich auch kein Gewissen. Oder besser, es gibt so viele davon, wie es Meinungen gibt. *Ich habe nach meinem Gewissen gehandelt*! Na gut, aber welches Gewissen? In einer von der Diktatur des Begehrens beherrschten Welt ist das Gewissen das, was dem eigenen Wunsch entgegenkommt. Da keine Moral Zügel auferlegt, ist es selbstverständlich, dass alles, was man wünscht, gut ist.

Die Folgen dieses Guten nach Belieben liegen vor aller Augen. Unkontrollierte Gewalt, Aufkündigung des Gesellschaftsvertrags, Verzweiflung und Angst, Panik und Wahnsinn greifen überall um sich.

Vom Standpunkt der Verhaltensforschung aus sind das Hinweise darauf, dass eine Gattung in eine evolutionäre Sackgasse gerät. Hebt man die Regeln auf, die das Zusammenleben innerhalb eines Gemeinwesens ermöglichen, bleibt nichts als ein schwindelerregender und rasanter Verfall. Die gut gemeinten Aufrufe zu

Gewaltlosigkeit und Güte verhallen wie Trompetenstöße in der Wüste.

Trotz der schrecklichen Verbrechen des zwanzigsten Jahrhunderts – die uns doch wenigstens ein bisschen zu denken hätten geben sollen – sind wir der Überzeugung, dass das Böse, seinem Wesen nach eine zutiefst perverse Energie, nicht Teil der menschlichen Wirklichkeit ist.

Auch die Kirche weist diesen bitteren Kelch von sich, und indem sie das tut, beschränkt sie sich vielfach darauf, eine bloß weltliche Einrichtung zu sein, die allgemein gute Gefühle einflößt.

Die Christen sind die Guten. Ein bisschen dümmlich vielleicht, von einer leichtgläubigen Dummheit, die am Ende auch verzeihlich ist, denn wer würde sich sonst um all die Wracks kümmern, von denen immer mehr durch die Welt irren?

Gut sein, sich ständig bemühen zu lächeln, erbauliche Dinge sagen, alles rechtfertigen, was geschieht, oder sich vielmehr vom Blitz des Guten treffen lassen?

Macht versus Liebe

Viel an spiritueller Armut kommt daher, dass wir uns nie wirklich auf die Welt der Finsternis eingelassen haben.

Wenn wir nie die Orientierung verloren haben, wie können wir da Dankbarkeit empfinden für den, der uns einen Schritt vor der völligen Verzweiflung unverhofft den richtigen Weg weist?

Wir gefallen uns in unseren Ideen und unserem weiten Horizont, wir bilden uns etwas ein auf unseren Scharfsinn, wir fühlen uns imstande, auch komplexe theologische Dispute zu führen, ernten damit Bewunderung bei der breiten Masse sowie ein befriedigtes Jauchzen unseres Stolzes, der in einem geheimen Winkel unseres Selbst hockt und sich gewiss an unseren Erfolgen erfreut. Aber nie, auch nicht einen Moment lang, haben wir unseren Blick wirklich auf die tiefere geistige Wirklichkeit gerichtet.

Über Gott reden zu können heißt noch längst nicht, in Seiner Wirklichkeit zu leben. Wie viele Leute, die sich Christen nennen, sind sehr weit von ihrem Herrn und Meister entfernt, und wie viele, die sich Agnostiker oder gar Atheisten nennen, zeigen durch ihre Taten und ihre Lebensführung, dass sie in tiefer Übereinstimmung mit Ihm leben!

Es ist diese Diskrepanz, die viele abschreckt, denn suchende Seelen wollen vor allem eines: Kohärenz. Wenn wir gut reden, aber das Gute nicht in uns ist, was können wir da säen? Alle Samen, die wir ausstreuen, werden unfruchtbar sein, auch wenn sie auf fetten Boden fallen, da sie sich nur von unserem Geltungsbedürfnis nähren.

Und welches ist die Regung, die alles andere verschlingt, die jedes Wasser vergiftet? Wieder und immer wieder, von Anbeginn der Zeiten an, immer nur die eine: die Gier nach Macht.

Die Macht, dieser Rost, der sich in jede Beziehung einfrisst und sie zersetzt, ist das genaue Gegenteil der Liebe. Wo die eine ist, ist die andere nicht und umgekehrt, denn beides schließt sich aus.

Die Liebe verabscheut die Macht, und die Macht verachtet die Liebe. Sosehr die eine zu ständiger Gefangenschaft führt, so sehr führt die andere zu grenzenloser Freiheit.

Licht und Finsternis

Ein Jahr lang, vielleicht zwei, habe ich in Gesellschaft des heiligen Franziskus zugebracht.

Ich erinnere mich an diese Zeit als eine Phase berauschender Freiheit. Ich brauchte nichts und niemanden, ich war überzeugt, alle Ketten gesprengt zu haben. Die Tränen, die meine Kindheit heimgesucht hatten, waren wiedergekehrt, aber nun waren sie in gewisser Weise geläutert.

Das Gefühl kosmischer Bestürzung angesichts der Leere und Banalität des Daseins hatte sich in mir in tiefes Mitleid verwandelt. Alles Zerbrechliche, Wehrlose, alles Nackte, Arme erregte in mir ein Gefühl der Teilnahme.

Es gab keine Schranke mehr zwischen mir und den anderen, alles, was geschah, ging mich an - nicht die alltäglichen Ereignisse, sondern die enorme Menge an Schmerz, die ich überall rings um mich erblickte. Ich schlich mich in Krankenhäuser und setzte mich zu denen, die niemanden hatten, nahm die Hand von Leidenden und blieb still so sitzen. Ich spürte eine warme, lebendige Energie in mir, und ich war mir bewusst, dass diese Energie nicht mein Eigentum war, sondern etwas, was ständig in Fluss gehalten werden musste, und dass die einzige Art und Weise, dies zu tun, war, sie zu verschenken.

Weil ich jung war, wusste ich noch nicht, dass sich dort, wo das Licht hinfällt, oft auch die Finsternis einstellt. Und je stärker das Licht, desto gnadenloser zieht die Finsternis alles in ihren reißenden Strudel.

Alles geschah rasch und scheinbar schmerzlos. Auf einmal begannen andere Dinge, mich zu interessieren. Die Situation in meiner Familie, die stets zwischen Verlassenheit und Gewalt schwankte, hatte mein Gleichgewicht nachhaltig gestört. Franziskus genügte nicht mehr. Ich hätte einen Vater gebraucht, eine Mutter, irgendjemanden, der mich an der Hand nahm und mich durch die raue Wirklichkeit der Pubertät begleitete.

Indessen war ich allein.

Oder besser, ich war in schlechter Gesellschaft, denn die Personen, die für mich hätten da sein sollen, hatten alle psychische Erkrankungen. Ich hätte mich auch mit einem Lehrer begnügt, einem Trainer, einem Priester. Eine Hand hätte genügt, um mich zurückzuholen.

Aber rings um mich war Wüste.

Die Schnur des Papierdrachen war der Hand entglitten, der Wind riss ihn fort. Mit seinem wehenden Schweif stieg er höher und höher hinauf und entschwand den Blicken. Dort oben herrschen Sturm, Wolken, Dunkelheit, Regen, unendlich viele grausame Eisnadeln.

Ein Weg für uns

Vorsehung!

Wie sehr mich der Begriff in meiner Jugend störte! Das schien mir eine Sache für Idioten. Passiv darauf warten, dass etwas geschieht, als ob die Welt voller Feen und Elfen wäre, die nichts anderes zu tun haben, als hierhin und dorthin zu laufen, um unsere Wünsche zu erfüllen. Wenn der zurückgelegte Weg kurz ist, ist es leicht, alles dem Zufall anzulasten. *Ich habe Glück gehabt! Ich habe Pech gehabt*!

Auf Hebräisch gibt es kein Wort für »Zufall«. Wie könnte es auch, da Gott doch – mit der Übergabe der Gesetzestafeln an Moses auf dem Berg Sinai – in die Geschichte eingegriffen, die Götzen in Staub gelegt und damit für immer die Grundlage für das Heil aller Menschen geschaffen hat.

Der Schöpfer hat den unsichtbaren Vorhang zerrissen, der uns von Ihm trennte. Sein Antlitz hat Er uns nicht gezeigt, aber Seine Stimme hat Er uns vernehmen lassen, indem Er uns die Gesetzestafeln übergab.

Er hat einen Weg für uns eröffnet.

Einen Weg, den wir nicht beschreiten müssen, um jemandem zu gefallen, sondern um uns aufzumachen zum göttlichen Kern unserer selbst.

Es müssen keine Trankopfer mehr dargebracht werden, um sich die Götter gewogen zu machen, es gibt kein Schicksal mehr, das sich mit vernichtender Gewalt über uns entlädt.

Aber wir sind da, unsere Entscheidungen, die Fähigkeit, zwischen Gut und Böse zu wählen, zwischen Offenheit und Verstocktheit, zwischen Leben und Tod. Denn seit der Verkündung auf dem Sinai ist in aller Klarheit die Linie gezogen, die eins vom anderen scheidet.

Die Jahre der Dunkelheit

Vom Strudel der Ereignisse und vom Zeitgeist mitgerissen, entfernte ich mich auf dramatische Weise vom weiseren Teil meiner selbst.

Es war, als hätte er nie existiert.

Ich wurde mein eigener Henker, eine nach der anderen stieg ich die Stufen der Zerstörung hinab. In mir war nicht einmal mehr ein Echo von dem ins Unendliche verliebten Mädchen, das ich gewesen war.

Hass war in meinem Herzen, der Wunsch zu verletzen, bevor ich selbst verletzt wurde, und das von Jahr zu Jahr wachsende Bewusstsein, dass ich fürs Leben völlig ungeeignet war. Das Irrenhaus, das meine Kindergärtnerin mir vorausgesagt hatte, schien mir mittlerweile zum Greifen nah. Etwas beunruhigt war ich angesichts der Tatsache, dass die Irrenanstalten unterdessen geschlossen worden waren. Wer würde mich auffangen können? Wer würde mich vor mir selbst schützen können? Seltsamerweise habe ich jedoch selbst am tiefsten Punkt der Verzweiflung nicht einen Augenblick lang daran gedacht, meinem Leben ein Ende zu setzen.

War dieses Festhalten am Leben nicht eine Spur der in mir schlummernden Gnade? Und versuchte nicht gerade ich jede Bekannte, die abtreiben wollte, inständig davon abzubringen?

In jener Zeit verspürte ich absoluten Abscheu vor der Kirche und allem, was mit ihr zu tun hatte, warum widersetzte ich mich also der Abtreibung, die damals und auch heute noch als eine große Errungenschaft der Zivilisation betrachtet wird?

Weil ich mich bei der Wahl zwischen Leben und Tod trotz allem im Innersten für das Leben entschied. Und dieses Leben rief mich, wenn auch mit sehr leiser Stimme.

Eine stets offene Wunde

»Warum gehst du nicht zu einem Psychoanalytiker oder einem Psychologen?«, fragte mich gelegentlich jemand.

Aber abgesehen davon, dass ich es mir nicht hätte leisten können, war mir vollkommen bewusst, dass das bestenfalls ein Pflaster auf eine weiterhin schwärende Wunde hätte sein können.

Jedes Kind, das auf die Welt kommt, hat ein absolutes Bedürfnis nach Liebe, das ist seiner ontologischen Struktur eingeschrieben. Wird diese Liebe verraten oder enttäuscht, so wird das feine Gewebe der Seele davon zerrissen. Durch diese Risse dringt alles Negative und Zerstörerische.

Ist es möglich, die Seele mit einer Technik, einer Theorie zu reparieren, mit Worten, die unaufhörlich weitere Wortkaskaden auslösen und die uns ständig an die Vergangenheit binden?

Gewiss wird uns die Psychologie etwas Erleichterung verschaffen, uns helfen können, den schwierigen Knoten zu lösen, der uns an uns selbst fesselt, sie wird uns einen Stock bieten können, eine Krücke, um mit kleinen Schritten noch ein bisschen weiterzugehen, aber der Riss wird immer offen sein, und wir werden uns immer einsamer fühlen, immer mehr von unserer Vergangenheit getrieben wie Sisyphos von seiner mühevollen Aufgabe.

Der erste echte Kampf

Kurz bevor ich dreißig wurde, bekam ich gesundheitliche Probleme, ich musste mich an einem Fuß operieren lassen. Die Genesung zog sich in die Länge, und so war ich ein paar Monate lang gezwungen, an Krücken zu gehen.

Wie nervtötend, welche Erschöpfung! Jeden Morgen aufstehen und die Krücken suchen, um auf die Beine zu kommen! Meine Beine trugen mich nicht mehr dorthin, wo ich hinwollte, ich war gezwungen innezuhalten. Eine Infektion nach der anderen, Schwäche. Der Körper war an seine Grenze gekommen und rief es mir aus letzter Kraft zu.

Als ich endlich wieder selbstständig gehen konnte, musste ich feststellen, wie zaghaft meine Schritte geworden waren. Und was ist der Körper anderes als der Spiegel, durch den die Seele, die unauflöslich mit ihm verbunden ist, zu uns spricht?

Kein Kalkül in meinem Leben ging auf.

Die Verzweiflung fand keine Kraft mehr, sich auszudrücken.

»Um wieder richtig laufen zu können, solltest du einen Kampfsport ausüben«, sagte eines Abends ein befreundeter Arzt zu mir. Nichts schien meiner Mentalität weniger zu entsprechen, aber wenn man verzweifelt ist, greift man nach jedem Strohhalm.

So ging ich eines Morgens aus dem Haus und schrieb mich im erstbesten Fitnessstudio ein. Ich konnte die Sportarten nicht unterscheiden, auf einem Schild an der Tür stand *Karate*, und das genügte mir. Als ich das Anmeldeformular abgegeben hatte, musste ich weiter an den entmutigenden Satz denken, mit dem ich verabschiedet wurde: *Keine Frau hat es hier drinnen länger als zwei Monate ausgehalten*.

Ich kaufte mir den obligaten Anzug, und schon am nächsten Tag war ich dort, stand vor einem großen Spiegel. Ich sah darin meinen zu mageren Körper, der weiße Anzug unterstrich noch meine Erscheinung eines Psychiatriepatienten.

In wenigen Stunden wurde mir klar, dass ich oben und unten nicht unterscheiden konnte, vorne und hinten, rechts und links. Fast dreißig Jahre lang hatte ich gelebt und die körperliche Wirklichkeit als bloße Hilfskonstruktion angesehen.

Ich betrachtete mich und begriff, dass der erste, größte und fürchterlichste Feind, gegen den ich kämpfen musste, die Gestalt da vor mir in diesem großen Spiegel war.

Tarantella und Schwert

Wie sieht in unseren Tagen das Böse aus?

Man braucht sich nur umzuschauen, um festzustellen, dass es zwei Feinde sind, gegen die zu kämpfen wir tagtäglich aufgefordert sind: der Schmutz und die überflüssigen Pfunde.

Myriaden unsichtbarer Feinde siedeln auf der Oberfläche der Dinge, mit denen wir in Berührung kommen, während der andere Feind, das Fett, immer unübersehbarer und reichlicher an unseren Körpern wuchert.

Dann gibt es noch andere Übel, wie die Geburt unvollkommener menschlicher Wesen, aber wenigstens auf diesem Sektor können wir erleichtert aufatmen, denn die allseits wohltätige Wissenschaft ist mittlerweile imstande zu verhindern, dass solch unerwünschte Lasten überhaupt zur Welt kommen.

Aber ist es angesichts der Komplexität des menschlichen Wesens ausreichend, gegen Speckröllchen zu kämpfen und gegen Bakterien, die sich auf Türklinken und in Toiletten ansiedeln?

Oder ist es nicht gerade dieses Fehlen eines realen Kampfes, was uns zur Verzweiflung treibt?

Gegen eine Puppe, ein Trugbild anzukämpfen – kann es etwas Frustrierenderes geben? Selbst wenn wir uns mit ganzer Kraft anstrengen, können wir doch nur einige kleine Teilerfolge erzielen. Ein Pfund weniger, eine strahlend saubere Toilette.

Auch die Kirche hat den Gedanken des Kampfes weitgehend fallen lassen. Die Fähigkeit, das Böse in sich zu erkennen und mit aller Macht zu bekämpfen, hat einer vagen Vorstellung vom guten Willen Platz gemacht.

Man darf die Kinder nicht unter Druck setzen, man darf sie nicht mit Bildern erschrecken, die sie verstören könnten. Man darf ihnen nicht mit überholten Schreckgespenstern drohen, sonst kommen sie nicht mehr in den Katechismusunterricht und nehmen ihre Zuflucht bei angenehmeren Dingen. Uns ist doch alles verziehen, wir leben ja alle in der Liebe Gottes.

Sind wir uns sicher, dass das wirklich so ist?

Diesen ganzen Sermon der Rechtfertigungen kann ich in der Heiligen Schrift nicht entdecken, hingegen sehe ich überall die Energie des Kampfes am Werk.

»Schweig und fahr aus!«, befiehlt Jesus dem unreinen Geist. Er sagt nicht: »Umarmen wir uns, und lieben wir uns, egal was ist, das ist das Wichtigste.«

Das Evangelium fordert uns auf, das Schwert zu nehmen, nicht eine Tarantella zu tanzen.

Die Verweltlichung der Kirche ist einer der Gründe, warum die Kirchenbänke immer leerer werden. Die

Kirche rechtfertigt und beschwichtigt, sie erlegt keine Mühen auf, weil sie glaubt, den Menschen unserer Zeit auf diese Weise entgegenzukommen.

Und wenn genau das Gegenteil der Fall wäre?

Wenn die Menschen in Wirklichkeit in ihrem Innersten ein tiefes Verlangen nach Kampf trügen und danach, durch diesen Kampf zu wachsen?

Das Böse ist in uns

Selbst angesichts der schrecklichsten Verbrechen bin ich mir einer Sache stets bewusst gewesen: Der Mörder hätte auch ich sein können.

Das Antlitz des Bösen ist mir so vertraut wie die Straßen der Ortschaft, in der ich wohne. Ich kenne seine Wege und Stege, Pfade und Alleen, einschließlich der Sackgassen, die einen irgendwann festsetzen und am Fortkommen hindern. Die Geografie des Bösen ist mir vertraut, da gibt es Täler, Flüsse und Berge, und das ist die Landschaft, die wir durchqueren müssen.

Diese Landschaft liegt in uns, in unserem Herzen.

Nicht alle sehen diese Landschaft gern, da sie eher unwegsam ist. Die Kenntnis davon wird von Generation zu Generation weitergegeben, seit der Zeit von Kain und Abel. Es handelt sich nicht um die Strafe für einen unauslöschlichen Makel, den wir Unschuldigen zu tragen gezwungen wären, sondern vielmehr um eine Neigung, die jeder in sich trägt und die in jeder unserer Handlungen gegenwärtig ist.

Wenn wir nicht an uns arbeiten, wenn wir uns diese

Einsicht nicht präsent halten, wenn wir uns eher von den Ereignissen treiben lassen, kann es leicht passieren, dass die Neigung zum Bösen in uns überwiegt. Ein Gegenstand, den man auf die schiefe Ebene stellt, rutscht unweigerlich nach unten.

Das geschieht, wenn wir uns der Negativität, die wir in uns tragen, nicht bewusst sind, wenn wir, statt auf die tiefe Stimme des Gewissens zu hören, lieber auf die anspruchslose und launische Stimme unseres Egos hören.

Statt nach dem Guten zu streben, streben wir so nach dem, was für uns gut ist. Und diese Art des Guten hat immer etwas leicht Trügerisches, weil es auf dem Nährboden der Macht gedeiht.

Um diese Unterscheidung treffen zu können, muss man wachsam sein und darf keine Ausreden gelten lassen. Wenn wir glauben, uns persönlich gehe das Böse als lebendige Wirklichkeit nichts an, schlagen wir einen Weg ohne Umkehr ein, voll der fatalsten Konsequenzen. Wir überzeugen uns davon, dass das Böse immer in den anderen liegt.

Rühren nicht vielleicht daher alle Übergriffe und alle Morde, alle Kriege dieser Erde?

Die brennende Flamme

Eine auf bloße Materie reduzierte Welt und eine Welt, die noch imstande ist, den Hauch des Ewigen zu verspüren.

Eine ins Dunkel der kurzen Dauer eingeschlossene Welt und eine Welt, die sich dem Geheimnis öffnet und dank dieser Öffnung zu ahnen vermag, dass das Reich Gottes in uns liegt.

Auf dem Grund des Herzens – jedes Herzens – brennt ein kleines Flämmchen und wartet darauf, dass jemand hineinbläst und es zum Brand entfacht.

Wie jedes Feuer braucht es Nahrung. Manchmal ist das Holz feucht und erzeugt nur Qualm, manchmal fehlt das Reisig, und das Feuer zieht nicht an. Jemand gießt Alkohol hinein, und es gibt eine wirklich großartige Stichflamme, aber sie ist nicht von Dauer.

Viele Leute ärgert dieses Licht, das sie scheinbar nichts angeht. *Wer hat das veranlasst? Wer hat das gewollt?* Sie werfen Sand darauf, schütten Wasser hinein. *Alles, damit die Flamme erlischt.*

Die Flamme gehört nicht den Anhängern einer bestimmten Religion. Die Flamme gehört allen Menschen, die auf die Welt kommen, weil der heilige Geist der Schöpfung sich in allem Lebendigen findet. In den Menschen, den Pflanzen, den Tieren. Sogar in den Steinen kann man seinen Hauch vernehmen.

Aber während die natürliche Welt schon ganz in seiner Gnade lebt und sie uns im Zeichen der Schönheit darbietet, müssen wir einen Weg zurücklegen, um gerechte Menschen zu werden, heilige Menschen.

Nur wenn das Licht unseres Herzens wirklich brennt, kann auch unser Blick glühend sein und durch seine Glut sämtliche Filter, Schleier und Membranen zum Verschwinden bringen, die uns daran hindern, das Sein in seiner Totalität wahrzunehmen.

Die Totalität, die uns umfasst und die endlich auch wir erfassen. Dann ist Licht überall, es greift um sich und wird zum hoch auflodernden Feuer.

Das Feuer verschlingt die letzten Täuschungen, und wenn der Rauch nachlässt, sehen wir, wie sich vor uns die Wege der Gerechtigkeit und der Wahrheit auftun, der Barmherzigkeit und der Vergebung.

Sie tun sich vor uns auf, diese Wege, ohne Hindernisse.

Sie warten nur darauf, beschritten zu werden.

Wale und Karotten

Zu den vielen geistigen Tragödien in der zeitgenössischen Welt gehört die Unfähigkeit, in der uns umgebenden Natur ein unerhörtes Gnadengeschenk zu erblicken, das sich uns in seiner Schönheit darbietet.

Verschreckt von der außerordentlichen Macht all dessen, was lebendig ist und sich unserer Herrschaft entzieht, haben wir beschlossen, auch die Schöpfung in eine starre Ideologie zu pressen. Wir alle wollen die Erde retten – und das ist mehr als recht –, aber im Grunde wissen wir eigentlich nicht, warum wir es tun sollen.

Ich erinnere mich noch an den Besuch einer Journalistin vor Jahren, die ökologisch sehr engagiert war. Als ich sie in meinen Garten führte, brachte sie es fertig, praktisch alle Pflänzchen, die da zaghaft sprossen, zu zertreten.

Sie redete ununterbrochen, und als ich sagte »Obacht auf meine Karotten«, senkte sie weder den Blick, noch hob sie den Fuß. Die Augen starr auf den Horizont gerichtet, erzählte sie mir unausgesetzt von den Walen.

Sie verteidigte die Wale, aber zertrampelte meine Karotten!

Wie oft verfolgen wir im Geist eine Idee, und es gelingt uns nicht, die vor unseren Augen liegende Wirklichkeit zu sehen. Diese Wirklichkeit fleht um unsere Aufmerksamkeit, aber wir sind nicht imstande, ihre schwache und bescheidene Stimme zu vernehmen. Wir haben große Pläne, wir dürfen keine Zeit verlieren.

Aber läge nicht genau darin, dass wir uns mit der bangen Fürsorge und Aufmerksamkeit einer Mutter dessen annehmen, was um uns wächst und gedeiht, die Heilung all unserer Übel?

In Richtung Heiligkeit

Ein Grashalm, Fuchswelpen in einer Höhle, Vögelchen im Nest, eine Sonnenblume mitten auf einem Feld, ein Wal, der sein Junges in den Tiefen des Meeres nährt.

Sie alle brauchen keinen Weg zurückzulegen, weil sie die Fülle des Daseins in sich bergen, seitdem sie ins Leben gerufen wurden.

Wir aber müssen uns auf den Weg machen.

Der Mensch hat keine Höhle, wo er sich zur Ruhe betten kann, und auf seinem Weg muss er – wie Insekten ihre Puppe oder Schlangen ihre Haut – jedes Gewand zurücklassen, das ihm zu eng wird.

Wir schreiten voran und entblößen uns.

Sich entblößen und noch einmal entblößen.

Alles, was uns notwendig erschien, wird zur Last. Wir glaubten, das Gewand würde uns dienen, aber das stimmt nicht. Es war nützlich, um diese Furt zu durchqueren, diesen Pass oder jenen Kamm zu überschreiten. Jetzt, da wir sie überwunden haben, müssen wir es zurücklassen.

Sich an das Gewand eines Augenblicks zu klammern – welcher auch immer das sein mag – bedeutet, aufhören voranzugehen.

Wohin?

In Richtung Heiligkeit.

Ach, was für ein peinliches Wort! Sich anzustrengen, um gut zu sein, in Ordnung, aber heilig werden, das ist doch wirklich nur etwas für wenige.

Wie viel Schaden hat die Vorstellung, Heiligkeit sei eine Angelegenheit für nur wenige Auserwählte, angerichtet, noch dazu Auserwählte, die von der Wiege an dazu bestimmt waren, meist Angehörige eines religiösen Ordens oder gar Ordensgründer.

Die Heiligkeit ist etwas Außergewöhnliches, sicher, aber ist nicht auch das Geheimnis, das jeder Mensch in sich trägt, etwas Außergewöhnliches?

Viel Grau in unserem zeitgenössischen Leben rührt meiner Meinung nach daher, dass man die Latte zu niedrig legt. Man begnügt sich damit, nichts Böses zu tun, man tut, was und wie man kann.

Aber ist das nicht die schlechteste Haltung?

Weil du aber lau bist, weder heiß noch kalt, will ich dich aus meinem Mund ausspeien, heißt es in der Apokalypse.

Die künftige Zeit muss eine Zeit des Mutes sein.

Wie die Mittelmäßigkeit einschläfernd wirkt, so sehr entflammt die Heiligkeit. Nur die vom Geist der Heiligkeit berührten Herzen haben die Macht, das Feuer weiterzutragen.

Die Heiligkeit ist das eigentliche Ziel jedes Lebens, das sich in seiner Fülle entfalten will. Sich entblößen, sich entblößen, sich entblößen, bis man durchsichtig wird, bis der Blick so rein wird wie das klarste und tiefste Wasser, bis man sagen kann: *Nicht ich lebe, Gott lebt in mir.*

Ein Fluss im Karst

Die Läuterung des Herzens ist eine lebenslange Arbeit, aber sie folgt keiner buchhalterischen Zeitrechnung. Es gibt Momente des Stillstands und solche, in denen man den Eindruck hat, einen unglaublichen Satz nach vorn zu machen. Wir verrichten die Arbeit, aber nicht wir allein, denn der Heilige Geist ist wie ein Fluss im Karst, er verschwindet in den Ritzen und Spalten des Felsens, und wenn wir meinen, alle Hoffnung, ihn wiederzusehen, verloren zu haben, tritt er plötzlich wieder an die Oberfläche. Erst mit der Zeit wird uns bewusst, dass seine heiligenden Wasser, wenn auch vor unseren Blicken verborgen, weiter geflossen sind.

Ich habe noch nicht von meiner Firmung erzählt, die am Sonntag nach meiner Kommunion stattfand. Sosehr mich die Kommunion eingeschüchtert hatte, so ungeduldig machte mich die Firmung. Mir wurde angeboten, Soldat zu sein, zu kämpfen. Und war es nicht gerade das, was sich das Tigermädchen von Anfang an gewünscht hatte? An diesem Tag hatte ich das Gefühl, es sei mir eine unsichtbare Uniform geschenkt worden, und ich war mir sicher, diese Uniform würde mir erlauben, es mit jeder künftigen Härte aufzunehmen. Ich war stolz, sehr stolz, Teil der »Heerschar« Gottes zu sein. Doch dieser Stolz war nur von kurzer Dauer. Erst ein paar Jahre später, während der trügerischen Ruhe des Jugendalters, ist der Fluss im Karst plötzlich wieder zum Vorschein gekommen. Ich war mit der ganzen Familie in einem kleinen Ort im Veneto, um an der diamantenen Hochzeit von Verwandten teilzunehmen, Leute, die ich nie vorher gesehen hatte. Ich war nur widerwillig mitgefahren, der Tag verhieß, tödlich langweilig zu werden, doch ebendort, in dieser großen, anonymen Kirche, habe ich plötzlich angefangen zu weinen. Alle haben sich verständnislos umgesehen. Geht's dir nicht gut? Stimmt was nicht? Wie üblich war ich nicht imstande zu sprechen. Ich habe die ganze Messe hindurch geweint, das ganze Mittagessen, den ganzen Nachmittag und die ganze Heimfahrt über. Ich sah diese Verwandten vor mir, ihre alten Gesichter, die noch vom frohen Licht der Jugend überstrahlt waren. Sie sahen einander an, sprachen miteinander, sie berührten sich wie Verliebte. Als sie niederknieten, um die Kommunion zu empfangen, habe ich mit einem Mal begriffen, dass die Liebe zwischen ihnen und Er ein und dasselbe war. Deshalb, genau deshalb weinte ich. Denn bis dahin war ich der konkreten und lebendigen Anwesenheit dieser allmächtigen Liebe noch nie begegnet, und mein Herz hielt dem Ansturm der Emotion nicht stand.

Ein Lichtsplitter

Seit den frühesten Tagen der Schifffahrt hat der Mensch an der Küste große Feuer entzündet, um den Seefahrern in der Nacht die Orientierung zu ermöglichen.

An die Stelle der Feuer sind dann Leuchttürme getreten, und auch wenn wir mittlerweile im Zeitalter der Satellitennavigation leben, tun die meisten Leuchttürme doch auch weiterhin treu ihren Dienst.

Als Kind konnte ich stundenlang wie gebannt das Licht des großen Leuchtturms von Barcola beobachten, das dieser über die vor ihm liegende Bucht aussandte.

Die Regelmäßigkeit seines Lichtsignals hatte etwas Hypnotisches. Es war dunkel, und gleich darauf peitschte ein Lichtstrahl mit unabänderlicher Regelmäßigkeit durch die Nacht, als wolle er sie in Scheiben schneiden.

Einmal habe ich den Leuchtturm auch besichtigt, allerdings am Tag, und das war eine Enttäuschung. Ohne die Scheinwerfer und das Dunkel ringsum war er nichts weiter als ein sehr hoher Turm.

Was sind die Sakramente anderes als das Licht, das durch die Nacht dringt und uns erlaubt, den Weg in den Hafen wiederzufinden?

Und was ist dieses Licht, wenn nicht der Atem des Ewigen, das für einen Augenblick in die Zeit einbricht? Wir glauben, alles habe mit dem Sichtbaren sein Bewenden, doch dann entdecken wir mit einem Mal, dass es da eine Wirklichkeit gibt, die unsere Existenz übersteigt, ihr vorausgeht und ihr folgt.

Und diese Wirklichkeit spricht zu uns vom Göttlichen, das in uns liegt. Im Grau des Alltags ein Splitter strahlenden Lichts.

Wir sollten es pflegen, es hüten wie Aladin seine Wunderlampe. Es wird kein dienstbarer Geist dabei herauskommen, aber etwas Schöneres und Größeres.

Etwas Überraschenderes.

Die prästabilierte Disharmonie

In der Welt, die meint, sich allein retten zu können, und dem Kult von Effizienz und Rendite huldigt, ist kein Platz für Schönheit und das, was keinen Preis hat.

Und wie könnte es auch anders sein, verweist doch alles, was schön und umsonst ist, ganz natürlich auf das, was diese Welt am meisten verabscheut: die Vorstellung eines Schöpfers, von dem alles abhängt.

Das Hässliche hat sich in sämtlichen Bereichen des Menschlichen breitgemacht. Ein Buch wird gepriesen, wenn es in zynischer Manier die Verkommenheit des Menschen vorführt; die Musik, wenn sie die Gesetze der Harmonie missachtet; in der bildenden Kunst werden immer fragwürdigere Werke produziert, die nur dank der Raffinessen des Kunstmarkts als Meisterwerke durchgesetzt und verkauft werden können.

Statt der Schönheit selbst haben wir nur deren Leichnam vor uns.

Ohne das Gute gibt es keine Wahrheit und auch keine Schönheit. Ohne diese tragenden Säulen wird auch die Kunst – die seit Anbeginn der Zeit den Menschen mit seinem geheimnisvollen Teil in Berührung brachte – zur krampfhaften Zurschaustellung eines nihilistischen Narzissmus, verliebt in die Schreckensbilder und den Verfall, den diese hervorbringen.

Wir verwenden immer mehr Zeit auf unser Wohlbefinden und werden immer hässlicher, immer schlechter gekleidet, die Gesichter immer finsterer. Wir ziehen an, was die Mode uns diktiert, ohne innezuhalten und uns zu fragen, ob das, was wir kaufen, uns steht oder uns lächerlich macht.

Niemand wagt zu sagen, was seit jeher bekannt ist, nämlich dass ein faszinierender Körper nicht vom Rollkragenpulli abhängt, von Falten oder vom Doppelkinn, sondern vielmehr von der Würde der Haltung und von dem, was unser Blick über uns verrät.

Elend, das in der Seele wehtut

Elende Mittelmäßigkeit hat leider auch in der Liturgie Einzug gehalten. Damit die Leute sich wohlfühlen, wurden große Betonquader gebaut – wie Supermärkte, Garagen oder Fitnessstudios –, und man nennt sie Kirchen.

Keine ist mehr nach Osten ausgerichtet, wo die Sonne aufgeht, die den Tod besiegt.

Um den Leuten entgegenzukommen, wird die Messe nach dem Vorbild von Fernsehshows gestaltet. Keine Wachskerzen, kein Halbdunkel, stattdessen grelles Neonlicht, Musik auf voller Lautstärke, Lieder in nur für ausgebildete Sänger erreichbaren Tonlagen, Texte von einer Banalität, die in der Seele wehtut. Kein Schellengeläut bei der Wandlung, kein Chorhemd für die Messdiener, die sich in Turnschuhen, durchlöcherten T-Shirts mit fluoreszierenden Aufschriften und mit gelangweilten Blicken dem Altar nähern. Vom Weihrauch ganz zu schweigen, ab damit auf den Speicher, wie der ganze andere alte Plunder. Und dann, warum nicht, ein rührender Erlebnisbericht, gefolgt von schönem Applaus, der den Erfolg der Initiative krönt. Weg mit allem unnützem Formelkram, den Momenten des Innehaltens oder der Langeweile, alles bloß Zeitverlust!

Dass sich in diesen Augenblicken das Heiligste vollzieht, was überhaupt geschehen kann – das Ewige bricht ein in die Zeit und heiligt sie –, scheint wirklich nicht mehr viele zu berühren.

Zusammen mit den Schellen, den Chorhemden und dem Weihrauch ist auch die Gottesfurcht auf dem Speicher gelandet, eingesperrt in einer Truhe, deren Schlüssel verloren ging.

Wir sind die Schöpfer von alledem, und was uns geistig eint, ist die Sentimentalität, die wir zu erzeugen vermögen.

Als Tote leben, als Lebende sterben

In der Welt leben, ihr aber nicht angehören.

Gibt es in unseren Tagen etwas Außerordentlicheres, etwas Subversiveres als diese Maxime?

Man verschwindet nicht, zieht sich nicht aus der Welt zurück, flieht sie nicht auf der Suche nach einer idealen Gemeinschaft, sondern man taucht ganz in sie ein und lebt in ihr, weil man die Wirklichkeit liebt, weil man überzeugt ist, dass die Wirklichkeit in jedem Fall, allein aufgrund ihres bloßen Daseins, den Keim des Guten in sich birgt.

Trotzdem gehört man der Welt nicht an, das heißt, das eigene Handeln untersteht nicht ihren Gesetzen, dem Geflecht von Verhaltensweisen und Beziehungen, die in der einen oder anderen Weise auf Ausübung von Macht beruhen.

Man lebt in der Welt und gibt Zeugnis von einer anderen Ebene der Wirklichkeit.

Einer eher verborgenen Ebene, weniger aufsehenerregend, scheinbar zum Verlust tendierend.

In einer Gesellschaft, die immer mehr die Kraft, Perfektion und Effizienz verherrlicht, die Geld und Profit über alle anderen Werte setzt, ist es wirklich blasphemisch, von Schwäche und Verlust zu sprechen. Das Goldene Kalb steht da, es leuchtet und glänzt mit außerordentlicher Macht bei Tag und bei Nacht, sein blendender Widerschein dringt mittlerweile bis in den letzten Winkel des Planeten. Verneigt euch, wiederholt man uns ständig, werft euch nieder vor ihm, ergebt euch seiner außergewöhnlichen Macht, und ihr werdet mit Gütern überhäuft werden.

Es ist schwierig, wirklich schwierig, diesem hypnotischen Sirenengesang zu widerstehen, man kommt auf die Welt, und diese Musik wartet schon auf einen. Und sie ist so alles durchdringend, dass die bloße Vorstellung, die Wirklichkeit könne noch eine andere Melodie in sich bergen, ausgelöscht wird.

Dann aber überrascht uns plötzlich etwas. Etwas, was nicht da sein sollte, ist plötzlich da – wie der Tiger und der Steilwandkletterer.

So begreifen wir auch ohne Worte, dass es auf der Welt zwei Lichter gibt. Eines, das durch seine Stärke blendet, während das andere uns hilft, dort klar zu sehen, wo es früher stockdunkel war.

Am Ende geht es immer um die gleiche Wahl.

Geblendet oder erleuchtet werden.

Den Verlockungen der Macht erliegen oder das Streben des eigenen Egos auf das Gute richten.

Als Tote leben oder wunderbarerweise als Lebendige sterben.

Die Vorstellungsgabe

Heutzutage verzichtet der Mensch auf seine Vorstellungsgabe.

Was wir sehen, uns erträumen und wünschen, ist lediglich das, was uns angeboten wird. Und was uns angeboten wird, ist uns immer voraus, nicht zu sehr, nur ein bisschen, wie der künstliche Hase beim Hunderennen. Wir ein bisschen hinterher und er ein bisschen vorneweg. Die Möglichkeit, ihn einzuholen, ist ganz Sache unserer Beine. Dank ihrer Kraft werden wir die anderen überrunden. Und wenn wir ihn eingeholt haben, bleibt uns nicht viel Zeit, uns an der Beuteattrappe zu ergötzen, denn sogleich wird der nächste falsche Hase losgelassen und läuft schnell auf der elliptischen Bahn davon. Und so können wir nichts anderes tun, als die Beute, die wir schon in den Händen hielten, fahren zu lassen und sofort der neuen Attrappe nachzulaufen.

Da wir auf jeden Traum verzichtet haben, beschränkt sich unsere Wirklichkeit auf das, was wir allein aus eigener Kraft bewerkstelligen können. Da wir die

Dimension der Ewigkeit endgültig von unserem Horizont verbannt haben, bleibt uns nichts anderes übrig, als uns mit den Splittern der Zeit im Leben einzurichten.

Ohne die Ewigkeit, die uns hervorbringt und wieder in sich aufnimmt, werden unsere Taten höchst fragwürdig, da sie nur von unseren Prinzipien und Wünschen bestimmt sind. Prinzipien aber sind elastisch, sie können geändert und den Erfordernissen der jeweiligen Situation angepasst werden.

Ohne die Ewigkeit besteht nicht einmal die Möglichkeit eines Urteilsspruches. Es gibt keine Seele, sondern nur den Körper, der dem Verfall geweiht ist. Deshalb werden Gewissensfragen nichtig.

Ohne die Furcht vor einem Urteil, das imstande ist, uns in ewiges Unglück und ewigen Schmerz zu stürzen, handeln wir nur nach unserem Vorteil.

Die Natur liebt die Leere nicht

Eine Welt, die sich des Ballasts der Seele entledigt hat, ist sie glücklich, oder ist sie nicht vielmehr eine Welt, in der sich Tag für Tag immer mehr die Barbarei ausbreitet?

Eine Wirklichkeit, die auf die Vorstellungsgabe verzichtet hat, wohin bewegt sie sich? In Richtung eines Miteinanders, auf Teilhabe und Barmherzigkeit, oder in Richtung der Oligarchie, des Triumphs weniger Mächtiger über die vielen?

Ist es nicht vielleicht dringend nötig, Visionen wieder in unseren Horizont einzugliedern?

Mit Sicherheit, denn die Natur liebt die Leere nicht, und der zeitgenössische Himmel ist, nachdem er von unerwünschten Präsenzen leer gefegt wurde, nicht klar und rein zurückgeblieben, sondern hat sich mit allem möglichen Schund angefüllt. Dieser Schund belastet und erdrückt uns, zwingt uns, in immer gebeugterer Haltung zu gehen, den Blick niedergeschlagen, immer mehr Gefangene unserer selbst.

Beginnen wir uns dessen bewusst zu werden?

Überzeugt, uns ein Höchstmaß an Freiheit geschaffen zu haben, gehen wir in Wirklichkeit unter dem Gewicht eines unsichtbaren und überaus schweren Jochs auf den Schultern dahin.

Indem wir Vorstellungen und Visionen auslöschten, haben wir den tiefsten Grund unserer Würde ausgelöscht, haben die Person durch das Individuum ersetzt. Es gibt keine geheimnisvolle Einmaligkeit mehr in jedem von uns.

Ohne diese Einmaligkeit aber verschwindet die Furcht, und ohne die Furcht verschwindet die Möglichkeit des Respekts.

Wir sind alle austauschbar, sind alle technisch optimierbar, wir brauchen nicht mehr die immense Mühe der Arbeit an uns selbst auf uns zu nehmen, brauchen uns nicht mehr mit Schmerz und Leid zu konfrontieren. Zur Lösung jedes Problems brauchen wir nur auf unsere allgegenwärtige Stiefmutter zu vertrauen, die Technik.

Die Technik ist eine Wissenschaft, die kein Staunen mehr kennt. Sie will unser Bestes, ist aber nicht das Gute.

In wessen Namen können wir uns also regenerieren?

Die Zerbrechlichkeit Gottes

Der Tod ist immer da.

Das Böse ist immer an unserer Seite.

Es geht uns voraus, folgt uns, umgibt uns, erwartet uns mit der treuen Ergebenheit eines Schäferhundes.

Wie die Bekehrung des heiligen Paulus – in der Vorstellungswelt der abendländischen Kultur – einen Präzedenzfall geschaffen hat, der uns zu glauben nötigt, dass die Gnade blitzartig über uns hereinbricht oder uns nicht betrifft, so hat die Erzählung von der Durchquerung des Roten Meeres durch das Volk Israel auf der Flucht aus Ägypten in unserem Unbewussten die Idee von einem absolut allmächtigen Gott errichtet. Allmächtig und imstande, nach Belieben in die Geschicke der Menschen einzugreifen.

Da aber Gott nun schon seit einer geraumen Weile nicht mehr am Horizont erscheint – und schon etliche schlimme Dinge passiert sind –, möchte man sagen, dass diese ganze Sache nichts weiter ist als ein großer Bluff.

Wer noch an seinem Glauben an eine gottgewollte

Wirklichkeit festhält, den darf man mit Fug und Recht als jemanden betrachten, der eine Abkürzung gewählt hat, eine Art Betäubung, dank deren er sich mit der unerfreulichen Wirklichkeit des Schmerzes arrangieren kann. Wer angesichts der großen Tragödien, von verheerenden Seuchen, dem grundlosen Sterben von Kindern und Unschuldigen seufzt und sagt »Es ist der Wille Gottes! Sein Ratschluss ist unergründlich!«, kann nur ein Mensch sein, der sehr wenig Gebrauch von seinem Hirn macht.

Ich persönlich habe mich, so weit ich denken kann, nie mit der widersinnigen Grundlosigkeit des Schmerzes abfinden können. Die Idee eines allmächtigen Gottes – der nach Seinem unergründlichen Willen alles tun oder lassen kann – war mir immer eher zuwider.

Ich liebe die Autorität nicht, und wo Macht ausgeübt wird, fliehe ich meilenweit.

Und dann?

Ein bisschen weniger als Engel

Wäre es nicht einfacher, beruhigender zu sagen, der Himmel ist leer, oder wenn da jemand ist, interessiert er sich nicht für unser Geschick?

Ja, wenn mein Gedanke bloß Frucht des Verstands wäre, würde ich selbstverständlich diese Option wählen.

Seit jeher war mir jedoch deutlich bewusst, dass der Kern des Seins nicht in intellektuellen Tüfteleien liegt, sondern in der lebendigen und warmen Fülle des Herzens.

Es ist das Herz, das uns immer den richtigen Weg weist.

Es ist das Herz mit seiner Verwundbarkeit, das uns – wenn wir es wagen, in seine tiefsten Tiefen vorzudringen – zu verstehen gibt, dass unser Herz und das Herz Gottes sich durchdringen und sich beständig gegenseitig erneuern, durch den Hauch des lichtvollen Heiligen Geistes.

Wir sind der göttlichen Natur teilhaftig.

Das ist das einzige winzige und schreckliche Geheimnis, das imstande ist, uns zu einem wirklich erfüllten Leben zu führen: das Ego abzubauen, Tag für Tag den Raum für die allein schöpferische Kraft in uns zu erweitern.

Unser Gesicht, unsere Gesten, unsere Worte zeugen ständig davon, wie sehr wir uns nur von unseren eigenen Gedanken leiten lassen, beziehungsweise wie viel wir von dem Gedanken in uns aufzunehmen wissen, der uns erzeugt hat.

Erinnern wir uns daran, wenn wir uns im Spiegel betrachten? Sind wir uns dessen bewusst in den Entscheidungen unseres Lebens? Wovon zeugen unsere Blicke? Liegt in ihnen das Dunkel einer Pfütze, oder sprühen sie vom Licht eines Ozeans, der die Sonne verschluckt hat?

Wissen wir noch, dass wir nur »ein bisschen weniger sind als Engel«?

Und was bedeutet diese unsere Nähe anderes als die Fähigkeit, unser steinernes Herz in einen glühenden Ofen zu verwandeln?

Ohne Filter und ohne Hindernisse

Tag und Nacht, Nacht und Tag, nicht einen Augenblick lang verlassen mich die Kinder von Baslan. Mich verlassen weder die kleinen Armenier noch die Kinder von Auschwitz oder die in Burundi kaltblütig ermordeten. Auch nicht die Frauen, denen die Ungeborenen aus den Bäuchen geschnitten werden, nicht die Mädchen, die in jedem Krieg und in allen Ländern der Welt vergewaltigt und zur Prostitution gezwungen werden.

Der Atem der mit sechs Monaten abgetriebenen Kinder ist mein Atem, so, wie es der von Millionen und Abermillionen von Tieren ist, denen – aufgrund unserer unersättlichen Gier nach Macht und Besitz – Majestät und Würde ihres Lebens genommen werden. Ihr verzweifeltes Brüllen, Meckern, Gackern hallt beständig in meinen Herzkammern wider und weitet sie bedenklich aus.

Ich schlafe wenig oder gar nicht.

Ich kenne die Freuden des Wohlstands nicht, und der gegen den Schmerz immunisierende Glauben ist nicht meiner. Das Mitgefühl mit dem Schmerz der

Unschuldigen durchdringt mich ganz und vernichtet mich ständig. Ich kann mich an keinen einzigen Tag erinnern, an dem mich nicht ein Dorn durchbohrt hätte.

Wenn ich eine Gabe mitbekommen habe, dann ist es die, mich niemals an den Schmerz zu gewöhnen, niemals aufzuhören, ihn für einen Skandal zu halten. Das Leiden des anderen ist immer auch meines. Ich vermag keine Filter oder Abgrenzungen zu errichten. Nicht einmal die physiologische Distanz von Gewöhnung und gutem Benehmen.

Der Stoff, der mein Herz brennen lässt, erneuert sich ständig. Keine Gefahr, dass die Flamme kleiner wird oder flackert. Es ist ein Ofen und gleichzeitig eine alchemistische Ampulle.

Mein Herz verwandelt nicht Quecksilber in das Gold des Steins der Weisen, sondern dank des Gottes, den es verloren hat, den Rohstoff des Schmerzes in die reine Materie der Liebe.

Ich fordere, also bin ich

Es gibt eine Einsamkeit, die fruchtbar ist und gedeiht, und eine andere, die aus ihrem Inneren nichts als Steine zutage zu fördern weiß.

Die Einsamkeit unserer Tage – erzeugt vom materialistischen Nihilismus und von der raubtierhaften Spannung des *homo homini lupus* am Leben erhalten – gehört dem zweiten Typus an.

Diese Einsamkeit, gesättigt von materiellem Besitz und individueller Freiheit, hat uns in eine zutiefst nekrophile Welt gestürzt. Aus Verzweiflung darüber, den Grund unseres Daseins nicht mehr zu kennen, klammern wir uns hartnäckig an das Recht zu fordern.

Ich fordere, also bin ich.

Ist das nicht das Mantra unserer Tage?

Unserem eigenen Schicksal entfremdet, können wir nichts anderes tun als uns an Richter und Gerichte wenden, auf dass uns das geraubte Gut zurückgegeben werde.

Aber welches Gut?

Ehrlich gesagt, wissen wir es nicht.

Wir verspüren einen Mangel in uns, und diesem Mangel geben wir den Umständen entsprechend Namen, mal den, mal einen anderen. Das Wichtige ist, nicht die Hände in den Schoß zu legen, ständig zu kämpfen, damit der Lichtstrahl unserer Freiheit immer weiterreicht.

Nichts darf uns die Flügel stutzen, nichts darf unseren Drang, immer mehr zu haben, bremsen.

Der Freude an der Eroberung ist jedoch keine Dauer beschieden. Man hat kaum Zeit, den Sieg auszukosten, da beginnt die Unruhe schon wieder, wie ein Holzwurm an unseren Tagen zu nagen.

Es ist eine Unruhe, die nicht die Freuden des Fliegens in sich birgt, sondern die dumpfe Eintönigkeit des Grabens. Was fehlt uns noch zum Glücklichsein? Was können wir tun, um sicher zu sein, dass alles nach unserem Willen geschieht?

Wir graben und graben. Statt Trüffeln suchen wir nach Mauern, die wir einreißen können, und von allen Mauern die größte – die des Schicksals, das uns gefangen hält.

Geboren zu werden war kein Akt unseres Willens, so soll es wenigstens das Sterben sein. Der Größe des stoischen Selbstmords ziehen wir jedoch eine bürokratische gesetzliche Regelung vor. Wir haben einen Anspruch auf diese Sicherheit, das Wie und das Wann sollen urkundlich festgehalten werden. Wir kämpfen für einen »glücklichen Tod«, ohne je innegehalten und uns gefragt zu haben, was die Bedingungen für ein »glückliches Leben« gewesen wären.

Das Leben leben als Segen oder Fluch?

Diese elementare Alternative entscheidet über die Qualität unserer Tage. Nach Leben dürsten oder in Langeweile dahinvegetieren. Eine Vorstellung von der Zukunft haben oder an die Stäbe des Käfigs geklammert überleben, betäubt vom Lärm, den wir beim ständigen Rütteln daran erzeugen.

Wir sind Gefangene!

Es ist wahr, statt Freude und Wohlstand zu erzeugen führt uns der Überfluss an Gütern in dürres, ödes Land.

Der Blick des anderen bezaubert uns nicht mehr.

Wir leben allein, stemmen uns gegen den Wind. Nichts darf uns ablenken. Wenn wir jemandem auf der Straße begegnen, haben wir nur zwei Möglichkeiten: ihm ausweichen oder ihn überholen. Wir brauchen seinen Blick nicht, nicht sein Lächeln und schon gar nicht seine Tränen.

Im dürren Erdreich keimt kein Same.

Versucht man, die Erde zu pflügen, erzeugt das bloß Staubwolken.

Und doch leben die Samen in diesem Staub weiter.

Monate hindurch, ganze Jahre lang, Jahrzehnte und Jahrhunderte lang.

Sie schlummern, aber sterben nicht ab.

Hartnäckig, still und bescheiden warten sie darauf, dass ein Tropfen Wasser das Leben in ihnen wiedererweckt.

Und wenn auch die Wüste in unserem Herzen auf Wasser wartete?

Wenn es geradezu darum flehte?

Wenn auch dort, im tiefsten, geheimsten Teil von uns selbst, dürstende Samen warteten?

Ein dünnes Häutchen hält sie umschlossen. Etwas Regen würde genügen, selbst ein kleiner Anstieg der Feuchtigkeit, und das Leben würde mächtig keimen und sprießen. Eine Wurzel würde nach unten, eine andere nach oben treiben.

Die Erde ist nur ein Durchgangsstadium der Evolution.

Ohne Erde kann es keinen Himmel geben.

Deshalb brauchen wir Wasser, um Wurzeln zu treiben und uns zu erheben.

Ja, Wasser, um die Herzen wiederzubeleben, um sie zu reinigen und wirklich menschlich zu machen. Wasser, um allen Durst zu löschen, der Durst nach dem Ewigen ist.

Die Ewigkeit, die neben uns und mit uns lebt.

Und nur für uns, zu unserer Freude, imstande ist, Wüsten blühen zu lassen.

Gott ist ein Nest

Wenn wir den Blick nach oben lenken, entdecken wir, dass Gott seine Gegenwart nicht aufzwingt, sondern sie als Möglichkeit der Beziehung anbietet.

Es liegt bei uns, bei unseren Ohren, unserem Mund, unserem Herzen, das Ja zu sagen, das für Seine Gegenwart offen macht. Erst dann werden wir erfahren, dass Sein Reich keine Zepter oder Befehle kennt, keine Heere besitzt, keine Kriege erklärt. Die Allmacht, die ihn trägt, ist die äußerst zerbrechliche der Liebe, die auf- und annimmt.

Ist es nicht vielleicht der Mangel an dieser Liebe, was unsere Zeit zugrunde richtet?

Beherrscht von der Unersättlichkeit unseres Egos, sind wir überzeugt, man könne gut leben im Zeichen der Effizienz. Alles muss optimal funktionieren, und das Optimale bemisst sich am Profit.

Wir ertragen die Last des Schicksals nicht mehr und auch nicht die Last der Endlichkeit. Nichts erscheint uns fremder als der blinde Zufall, der sie bestimmt.

Diese Lasten zurücklassend, haben wir uns unter

das Joch Descartes begeben. *Ich denke, also bin ich.* Die Würde des Menschen hängt allein vom Denken ab. Keine Rettung außerhalb der Vernunft.

Zwischen einer Last und einem Joch besteht freilich ein großer Unterschied.

Die Last bedeutet Mühe, und wir sind gezwungen, uns nach dem Sinn dieser Mühe zu fragen. Frage um Frage kann die Last leichter werden, und an einem bestimmten Punkt können wir sogar erkennen, dass wir sie nicht mehr brauchen, und sie am Wegrand abstellen.

Das Joch hingegen beugt unseren Nacken, der Horizont ist auf unsere Füße beschränkt, die im Staub voranschreiten, nie werden wir den Kopf erheben können, nicht die Bäume betrachten, die Wolken oder den, der neben uns geht.

Last oder Joch.

Das ist die Alternative, vor die unsere Zeit uns stellt.

Gehorchen oder nicht gehorchen, in der dunklen Gewissheit der Effizienz leben oder im Gang über den Gebirgskamm das Leben riskieren.

Aber nur wenn wir uns entscheiden, dort oben zu gehen, nur im Leben zwischen zwei Abgründen können wir die Tiefe, Komplexität und Widersprüchlichkeit unseres Daseins erfahren und das für uns Unverzichtbare von dem unterscheiden, was nicht einmal nützlich ist.

Zum Wesentlichen vorstoßen und seine Dringlichkeit begreifen. Dringlichkeit in diesem gegenwärtigen, traurigen Schiffbruch der Menschheit, die mittlerweile glaubt, nicht viel mehr als eine Maschine zu sein.

Nur von der Kammhöhe aus können wir den Geist der Mütterlichkeit anrufen, an dem es hauptsächlich mangelt in dieser Zeit. Dieser Geist, der hingebungsvoll für alles sorgt, was klein und schwach ist, und alles tut, damit es groß und stark werden kann.

Dieser Geist ist das Einzige, was imstande ist, der Vernichtung entgegenzutreten, was zur Reinheit der Gabe befähigt. Der Gabe, die nicht Verwöhnung bedeutet, sondern Erneuerung, die die Fülle des Lebens bietet.

Ist das nicht die Aufgabe einer jeden Mutter? Leben schenken und es beschützen, ständig wachsam sein, damit niemand seine Heiligkeit verletzt?

Wenn dieser Geist der Mütterlichkeit auf die Erde zurückkehrt, können wir endlich den Blick zum Himmel erheben und bemerken, dass Gott kein König ist, sondern ein Nest.

Es ist da, das liebevoll gewebte Nest, wir können dort Zuflucht nehmen, wenn wir bedrückt sind, wenn wir müde sind, wenn wir zu lang auf Reisen waren und nicht mehr wissen, wo wir uns niederlassen sollen.

Und erst da, erst im Nest werden wir gewahr, dass Seine Gestalt kein wolkiges und undurchdringliches Geheimnis ist, sondern das Gesicht jenes anderen, den wir jeden Tag auf der Straße treffen, und dass Er mit mütterlichem Nachdruck nicht von uns verlangt, wir sollen uns vor Ihm niederwerfen, Ihn verehren oder Ihm Opfer darbringen, sondern vielmehr dem reichlichen Fluss Seiner Tränen unsere Augen leihen.

Denn nur unsere Tränen werden die Welt retten.

Eine hinreißende, eine schwierige, eine unmögliche Liebe

Olivier Bourdeaut

Warten auf Bojangles

Roman

Aus dem Französischen von Norma Cassau

Piper, 160 Seiten

€ 18,00 [D], € 18,50 [A]*

ISBN 978-3-492-05782-0

Sie tanzen zu »Mr. Bojangles«, mixen sich Cocktails. Sie ist charmant und charismatisch, nimmt alle für sich ein. Georges liebt sie hingebungsvoll, die beiden feiern das Leben, wann immer es geht, denn sie kennen auch seine dunklen Momente: Georges' schillernde Frau ist manisch-depressiv. Als diese bittere Wahrheit ihr Paradies zu zerstören droht, entführen Vater und Sohn die Frau, die sie lieben, kurzerhand aus der Psychiatrie und nehmen Kurs auf Spanien, in der Hoffnung, dort so weiterleben zu können wie bisher.

Leseproben, E-Books und mehr unter **www.piper.de**

Hector stellt die Frage nach dem Sinn des Lebens

François Lelord

Hector und die Suche nach dem Paradies

Hectors erste Reise, Roman

Aus dem Französischen von Ralf Pannowitsch
Piper, 256 Seiten
€ 18,00 [D], € 18,50 [A]*
ISBN 978-3-492-05627-4

Es war einmal ein junger Arzt namens Hector, der hatte sich noch nicht so recht gefunden. Es gab da ein paar ziemlich wichtige Fragen zum Thema Gott und Jenseits, die ihm niemand beantworten konnte.

So kommt Hector eine Reise nach Nepal gerade recht. In Begleitung der schönen Clotilde hofft er, dort mehr darüber zu erfahren, was die Welt im Innersten zusammenhält.

PIPER

Leseproben, E-Books und mehr unter **www.piper.de**